새로운 아틀란티스

새로운 아틀란티스

초판 1쇄 발행일 2002년 1월 15일   초판 5쇄 발행일 2019년 4월 30일

지은이 프랜시스 베이컨 | 옮긴이 김종갑
펴낸이 박재환 | 편집 유은재 | 관리 조영란
펴낸곳 에코리브르
주소 서울시 마포구 동교로 15길 34 3층(04003) | 전화 702-2530 | 팩스 702-2532
이메일 ecolivres@hanmail.net | 블로그 http://blog.naver.com/ecolivres
출판등록 2001년 5월 7일 제10-2147호
종이 세종페이퍼 | 인쇄 · 제본 상지사

ISBN 89-952187-0-3 03160

책값은 뒤표지에 있습니다.   잘못된 책은 구입한 곳에서 바꿔드립니다.

새로운 아틀란티스

Francis Bacon

The New Atlantis

프랜시스 베이컨 지음 | 김종갑 옮김

에코
리브르

독자에게

　이 이야기는 베이컨 경이 대학의 모델을 제시하고자 지어낸 교훈적 내용입니다. '솔로몬 학술원' 혹은 '6일 작업 대학'이라는 이름의 이 대학은 자연을 해석할 뿐 아니라 인류의 복지에 이바지할 놀랍고 위대한 연구 결과를 내놓습니다. 베이컨 경은 대학의 밑그림을 그려놓는 것으로 이 이야기를 완성했습니다. 비록 인간의 한계를 뛰어넘는다고는 할 수 없지만, 이 대학의 밑그림을 현실에 그대로 옮겨놓기에는 너무나 거대하며 이상적입니다. 아무튼 이 작품을 통해 베이컨 경은 국가에 적합한 최상의 법률과 그것의 세부 모습을 보여주려고 했습니다. 이 작업은 매우 오래 걸릴 성질의 것이었는데, 당시 베이컨 경의 관심은 다른 데 쏠려 있었습니다. 이 이야기보다 훨씬 중요하다고 판단한 자연의 역사에 대한 자료를 수집하기에 여념이 없었던 것입니다.

― 로울리[*]

* 베이컨의 사제였던 로울리(William Rawley)는 그를 추모하는 "The Life of the Right Honourable Francis Bacon, Baron of Verulam, Viscount St. Alban"이라는 글을 남기기도 했다. 이 글은 James Spedding, Robert Leslie Ellis, Douglas Denon Heath 등이 공동으로 편집해서 14권에 담아놓은 The Works of Francis Bacon의 2권에 실려 있다.

차례

독자에게 • 5

새로운 아틀란티스 • 9

프랜시스 베이컨과 과학적 유토피아 – 김종갑 • 91

새로운 아틀란티스

중국과 일본을 향해 페루에서 출항한 우리는 남태평양의 물살을 가르면서 일 년 동안 항해를 계속했다. 일 년 동안 먹을 양식은 충분히 비축해둔 터였다. 처음 다섯 달 동안은 감미롭고 부드러운 동풍에 돛을 달고 순조로운 항해가 계속되었다. 그런데 갑작스레 바람의 방향이 뒤바뀌더니 며칠 동안 서풍이 불어오는지라 더 이상 앞으로 나아갈 수가 없었다. 차라리 뱃머리를 돌릴까 하는 생각도 했다. 그러던 차에 남쪽에서 거대한 바람이 몰려와 동쪽으로 불어닥치는 것이었다. 이에 맞서 싸우기도 했지만, 어느새 우리 배는 바람에 떠밀려 북쪽으로 항해하고 있었다. 허리띠를 졸라매며 아껴

왔던 식량도 거의 바닥을 드러내고 있었다. 식량도 없이 천애의 고아처럼 광막한 바다 한가운데에 버림받게 되었으니 우리의 상황은 참으로 절망적이었다. 죽음을 각오할 수밖에 없었다. 그러나 낙담치 않고 우리는 소리를 높여 저 하늘에 계신 하나님께 기도를 올렸다. 어둠의 혼돈 속에서도 기적을 행하시는 하나님, 태초 시커먼 어둠이 배회하는 수면(水面)에 마른땅을 마련하신 하나님이신지라, 우리를 포기하지 않으시고 무사히 육지에 상륙하도록 은총을 베풀리라 생각했던 것이다.[1] 그러자 정말 예상치 않은 일이 일어났다.

다음날 저녁 무렵 눈을 들어 바라보니 북쪽에 짙은 구름떼 같은 형체가 모습을 드러내고 있었다. 당시는 우리가 표류하던 남태평양 부근의 지리가 전혀 알려지지 않았던 때라 우리는 막연하게나마, 저것이 혹시 육지가 아닌가 하는 희망에 들뜨기 시작했다. 유럽인들에게 아직 발견되지 않은 섬이거나 대륙일 수 있으리라는 생각이 들었다.[2] 그쪽으로 배를 저어 나아갔더니 아니나 다를까 그날 밤에 서서히 육지가 모습

---

[1] 구약성경의 〈창세기〉는 다음과 같은 구절로 시작한다. "태초에 하나님이 하늘과 땅을 창조하였다. 당시 아무런 형태를 갖추지 못한 땅은 삭막하기만 했다. 이 혼돈의 땅에는 칙칙하게 어둠이 깔려 있었는데, 하나님의 영이 수면을 떠돌고 있었다."

을 드러냈다. 다음날 아침 동이 틀 무렵엔 그것이 육지라는 사실이 의심의 여지없이 너무나 분명해졌다. 빽빽하게 숲으로 뒤덮인 땅이었다. 멀리서 짙은 구름떼처럼 보였던 까닭이 거기에 있었다. 한 시간 반 정도 계속 노를 저어 다가가니 어느덧 항구였다. 항구는 이 섬의 중심지로 도시에 들어서는

---

2) 영국 박물관에 소장되어 있는 당시 지도에 의하면, 이미 1542년에 포르투갈 사람들은 현재의 오스트레일리아 지역에 커다란 대륙이 있으리라고 생각했던 듯이 보인다. 자바의 남쪽에 위치한 것으로 추정한 이 거대한 땅덩어리는 '대자바 Jave la Grande'라고 명명하였다. 또 1542년에 장 로츠(Jean Rotz)가 집필한 영국 책에도 이 땅덩어리를 '자바 대륙'으로, 그리고 자바는 '작은 자바'로 기록하였다. 메이저(R.H. Major)가 편집하고 서문을 달았던 해클루트 학회(Hakluyt Society:해클루트(1552~1616)는 탐험가들의 기록을 수집해서 편집했던 영국의 저명한 지리학자이다 – 옮긴이 주)의 책 《현재 오스트레일리아로 불리는 땅으로의 첫 항해》에는 당시까지 미답의 대륙이었던 오스트레일리아에 대해 그 존재를 반신반의하던 단계에서 나중에는 어느 정도 지식을 갖추게 되는 단계로의 흥미로운 진전 과정을 잘 기록하고 있다. 예를 들어, 1598년에 벨기에의 루뱅에서 출간된 코르넬리우스 위트플리트(Cornelius Wytfliet)의 책에는 다음과 같은 기록이 있다. "그 대륙의 해변에 대해서는 알려진 바가 거의 없다. 항해를 했던 사람들이 그 대륙에 이르는 항로를 아예 단념했기 때문에, 폭풍에 휩쓸린 선박들만 어쩌다 그곳에 접근했던 탓이다. 오스트레일리아 대륙은 적도에서 2~3도 부근에서 시작해서 굉장히 넓은 지역으로 뻗어 있다. 만약 이 땅덩어리의 크기가 충분히 밝혀진다면, 아마도 세계 면적의 1/5을 차지할 것이다." 같은 해에 스페인 사람 루이스 바에즈(Luis Vaez de Torres)가 뉴기니 섬과 오스트레일리아를 가르는 아라푸라 해를 통과했다고 한다. 오스트레일리아에 관한 베이컨의 지식은 이러한 자료들에 의거해 있다. 그런데 베이컨의 말년에도 탐험은 계속되었다. 그러다가 그의 사후 십사 년 후인 1642년에 아벨 타스만(Abel Janszoon Tasman)이 드디어 오스트레일리아 대륙을 발견하였다.

관문이었다. 멀리 바다에서 언뜻 보기에 규모가 크지는 않았지만, 잘 정돈되었기 때문인지 아름답고 유쾌했다. 아무튼 빨리 상륙하고 싶은 생각에 조급해진 우리는 배를 기슭에 댔다. 그러자 손에 몽둥이를 움켜쥔 사람들이 나타나더니 우리의 상륙을 저지하는 것이었다. 공격하려고 거친 함성을 지르며 달려들지는 않았다. 다만 몸짓으로 상륙하지 못하도록 경고의 신호를 보냈다. 적잖이 당황한 우리는 머리를 맞대고서 앞으로 취할 행동을 모색하기 시작했다.

그 사이에 작은 배 한 척이 우리를 향해 다가왔다. 여덟 사람쯤 타고 있었는데, 그 중 한 사람은 노란 지팡이를 짚고 있었다. 지팡이의 양끝은 파란색으로 칠해져 있었다. 그는 아무런 의심의 기색 없이 느긋하게 우리 배에 올라탔다. 우리 일행 중의 한 명이 그를 맞이하기 위해 앞으로 나서자 그는 품에서 자그마한 두루마리 양피지를 꺼내 앞으로 내밀었다. 우리가 사용하는 것보다 색깔이 더 노르스름하고, 필기용 책상처럼 번들번들하면서 부드럽고, 유연한 양피지였다. 여기에는 히브리어와 고대 희랍어, 라틴어, 스페인어로 다음과 같은 글이 적혀 있었다.

당신네 중에서 어느 누구도 이 땅에 상륙해서는 안 된다. 특별히 체류기간이 연장되지 않으면, 16일 안에 해변에서 떠나야 한다. 마실 물이나 식량, 환자의 치료, 혹은 배의 수선이 필요하다면, 그 필요한 사항을 지면에 적어서 요구하도록 한다. 요청한 것들은 신의 뜻에 따라 다 제공할 것이다.

이 양피지에는 지품천사의 날개가 그려진 직인이 찍힌 데다가 십자가 표시도 함께 있었다. 천사의 날개는 접혀져 있었다. 이와 같은 취지의 양피지를 우리에게 전달한 다음 그는 배로 되돌아갔다. 답신을 받아오도록 하인 한 명을 배에 남겨둔 채.

이 광경을 목격하고 적잖이 당황한 우리는 머리를 맞대고 대책을 의논하기 시작했다. 상륙 금지나 출항 독촉이 마음에 걸리기는 했지만, 이 섬의 사람들이 여러 나라 언어를 사용한다는 사실, 그리고 우리에게 보여준 훈훈한 인정이 격려가 되었다. 무엇보다 양피지에 그려진 십자가 표식이 커다란 기쁨을 안겨주었다. 좋은 일에 대한 전조임이 틀림없었다. 깊이 생각한 끝에 스페인어로 다음과 같은 답신을 적었다.

우리 배의 상태는 양호합니다. 폭풍에 시달린 게 아니라 순풍이나 역풍을 만났기 때문입니다. 그런데 우리 배에는 환자가 많습니다. 상태가 나쁜 환자의 경우, 빠른 시일 내에 상륙해서 치료를 받지 않으면 목숨이 위태로울 수도 있습니다.

기타 필요한 물품의 목록도 상세히 적었다. 그리고 우리 배에 남아 있는 약간의 물품을 그들의 소용에 닿는다면, 제공해주는 물품에 대한 답례로 기꺼이 양도하겠노라는 말을 덧붙였다. 편지를 전해주면서 우리는 배에 올랐던 관리에 대한 선물로 진홍색 우단을 하인에게 내밀었다. 하인에겐 수고의 대가로 피스톨 금화(스페인의 옛 금화-옮긴이 주)를 건넸다. 그러나 그는 어느 것도 받으려 하지 않았으며, 아예 눈길조차 주지 않았다. 그를 다시 실어가기 위해 접근한 작은 배를 타고서 그는 우리 곁을 떠났다.

답신이 전달되고 나서 약 세 시간이 지났을 때, 지위가 높은 듯이 보이는 인물이 우리를 향해 다가왔다. 소매가 넓은 진하늘색 낙타 모직물 가운을 입고 있었다. 유럽에서 우리가 입는 옷보다 훨씬 윤기가 났다. 하의는 초록색이었다. 터키 터번과 모양새가 비슷하지만 크기가 훨씬 작고 우아한 모자도 마찬가지로 초록이었다. 모자의 가장자리로 그의 머리카락이 흘러내려 있었다. 언뜻 보기에도 덕망 있는 인물 같았다. 배에는 그 외에 일행 네 명이 함께 타고 있었는데, 배의 일부에는 금박이 입혀 있었다. 그 배의 뒤로는 스무 명 가량이 승선한 배가 뒤따르고 있었다. 우리 배에 가까이 다가왔을 때 그쪽 배에서 신호를 보냈다. 중간 지점에서 만나자는 것이었다. 그래서 우리 일행 중에서 대표 격으로 귀족 한 명이 선원 네명을 데리고서[3] 보트를 타고 그쪽을 향해 나아갔다. 약 6미터쯤 접근하자 더 이상 다가서지 말고 멈추라는 신호가 왔다. 우리측의 보트가 멈추었다. 그러자 앞서 인상착의를 언급했던 사람이 일어서서 스페인어로 크게 말을 건네왔다.

"당신네들은 기독교인입니까?"

그렇다고 대답했다.[4]

양피지에서 이미 십자가 표시를 보았던 터라 우리의 두려

---

[3] 이 부분의 묘사가 정확하지 않다. 원문을 그대로 번역하면 "한 명을 제외한 주요 인사가 네 명의 선원과 함께(the principal man amongst us save one, and four of our number with him)"로 되어 있다. 그러나 뒤에 나오겠지만, 주요 인사(우리말로는 귀족으로 옮겨진)는 두 명이 아니라 네 명이다. 주요 인사 가운데 한 명이 제외되었다면, 세 명의 인사가 네 명의 선원과 함께 외국 대표를 만나러 갔어야 옳다. 그럼에도 본문에는 단수(the principal man)와 홀수 대명사(him)로 쓰고 있다―옮긴이 주.

움은 상당히 감소되어 있었다. 대답을 듣자 그는 오른손을 하늘을 향해 쳐들었다가 입으로 가져갔다(이 나라에서는 하나님께 감사하는 표시로 이러한 몸짓을 했다). 그러고는 말을 이었다.

"만일 여러분이 하나님께 다음 사실을 맹세할 수 있다면 우리 땅에 상륙해도 좋소. 여러분이 해적이 아니라는 것, 합법적이든 불법적이든 지난 40일 동안 피를 흘린 적이 없었다는 것을 맹세한다면 말이요."

기꺼이 맹세할 수 있다고 우리가 대답하자, 그의 일행 중 서기관인 듯이 보이는 사람이 이것을 장부에 기입했다. 이때 고관이 보트에 같이 있던 다른 일행 중 한 사람에게 다시 뭐라고 말을 건넸다. 그의 말을 들은 사람이 큰 소리로 말했다.

"나리께서 다음 사실을 당신들에게 알렸으면 하오. 나리가

---

4) 이 질문은 의미심장한 울림을 갖는다. 당시 기독교인이 아닌 사람들은 야만인으로 취급당했다. 가령 15세기 초반과 중반에 살았던 포르투갈의 '항해 왕자' 헨리는 인도와 극동지방의 주민들도 기독교인이라고 가정하고 있었다. 그래서 더욱 더 동방으로의 항해에 열성적이었다. 나중에 바르톨로뮤 디아스 등의 항해에 힘입어 인도가 발견되고 실제 인도인들을 접하면서 그들이 기독교인이 아니라는 사실을 알고 포르투갈 사람들은 인도인을 경멸했다고 한다. 이러한 태도는 곧 백인우월주의로 발전했다. 아무튼 《새로운 아틀란티스》의 이 대목에서 당시 유럽인들의 기독교 중심적 인간관을 읽을 수 있다. 일단 기독교인이라는 사실이 확인되면 낯선 이방인도 친근한 동료로 바뀐다. 기독교인이면 동일한 인간됨을 공유하는 셈이다. 따라서 비기독교인은 인간 이하의 존재로 폄하되게 마련이었다.

오만불손해서 당신네 배에 승선하지 않는다고 생각하지 말아주시기 바랍니다. 다만 당신들 가운데 환자가 있다는 말을 듣고 보건청에서 나리에게 배에 가까이 접근하지 못하도록 주의를 주었기 때문입니다."

우리는 그를 향해 고개를 숙이면서 대답했다.

"우리는 순순히 나리의 뜻에 따르겠습니다. 특히 우리에게 이미 베풀어주신 과분한 대접과 친절에 감사를 드립니다. 그러나 감히 말씀드리자면 환자들은 전염병 환자가 아닙니다."

이 말을 듣고서 고관이 우리 배로 건너왔다. 공증인도 함께 건너왔는데, 그는 손에 오렌지 비슷한 과일을 들고 있었다. 주황색과 진홍색이 감도는 과일로 향기가 매우 좋았다. 아마도 감염을 방지하기 위해 사용하는 방향제인 듯싶었다. 그는 다시 우리에게 예수와 성령의 이름으로 맹세를 하도록 요청하고는, 다음날 아침 여섯 시경에 누군가 이리로 와서 우리를 외빈관(이것이 그가 사용한 용어였다)으로 데려갈 것이라고 말했다. 그곳에서 건강한 사람이나 환자 모두 편히 쉴 수 있으리라는 것이었다. 그가 말을 마치고 떠나려 할 때 우리가 피스톨 금화를 내밀었다. 그는 웃으면서 거절했다. "한 가지 일을 해놓고 두 번 사례를 받으면 안 됩니다"는 말을 하면서. 아마도 국가에서 받는 봉급으로 충분하다는 의미인 듯 싶었다. 나중에 알게 된 사실이지만, 이 지방에서는 관리가 자신의 일에 대해 보상을 받으면 두 번이나 사례를 받는다고 말하는 풍습이 있었다.

다음날 아침 일찍, 지난번에 지팡이를 짚고서 우리 배에 처음 올랐던 사람이 다시 나타나서, 자신이 우리를 외빈관으로 안내할 것이라고 말했다. 외빈관에 우리가 숙소를 정하는 데 하루종일 걸릴지 모르기 때문에 일부러 이른 아침에 왔노라고 했다.

"당신네 중에서 우선 몇몇만 먼저 저를 따라 외빈관에 가는 게 좋을 것 같습니다. 선발대로 먼저 가서 시설을 살펴본 뒤 일행이 편히 지낼 수 있는 방법을 생각해 보십시오. 그 다음에 환자와 남은 분들을 함께 데려가도 늦지 않을 것입니다."

감사하다는 말과 함께 우리가 대답했다.

"이 오갈 데 없는 이방인들을 극진히 보살펴주시니 하나님의 축복이 있을 것입니다."

우리 일행 중에서 여섯이 그와 함께 육지에 올랐다. 앞서 걸어가던 그가 뒤돌아서 우리에게 말했다.

"저는 다만 당신들을 안내하고 인도하는 사람일 따름입니다."

그를 따라서 거리 세 곳을 지나쳤다. 가는 길마다 많은 사람들이 양옆에 일렬로 늘어서서 우리를 지켜보고 있었다. 모두 상냥한 표정이었다. 신기하다는 듯이 우리를 구경하는 게 아니라 환영하는 기색이 역력했다. 우리가 지나칠 때마다 많은 사람들이 팔을 앞으로 내밀었는데, 환영한다는 몸짓이었다.

외빈관은 크고 훌륭한 벽돌 건물이었다. 영국식 벽돌에 비해 더욱 짙은 푸른빛이 감도는 벽돌이었다. 건물의 창도 아름다웠다. 어떤 창은 유리로 되어 있었고, 어떤 창은 리넨으로 되어 있었다. 그는 우선 위층의 응접실로 우리를 안내했다. 그러고는 우리 일행의 전체 수와 환자의 수를 물었다.

"우리는 모두 합쳐서 쉰한 명입니다. 그 중에서 환자는 열일곱 명입니다."

이 말을 듣자 그는 우리에게 양해를 구하고는 자리를 떠났다가 한 시간쯤 뒤에 돌아왔다. 그리고 우리에게 할당된 열아홉 개의 방들을 보여주었다. 특히 네 개의 방이 각별히 훌륭했는데, 아마 우리 일행 중에서 신분이 높은 귀족들을 위한 방인 듯이 보였다. 귀족들은 일인 일실을 차지하는 것이었다. 나머지 선원은 두 명씩 짝을 지어서 남은 열다섯 개의 방에서 묵을 요량이었다. 방은 아담하고 깔끔했으며, 근사한 가구로 채워져 있었다. 이렇게 방을 보여준 다음에 그는 복도를 지나서 우리를 얼추 기숙사와 비슷한 건물로 안내했다. 그리고는 복도 한쪽에 줄지어서, 삼목으로 칸막이가 된 열일곱 개의 깨끗한 방들을 보여주었다(맞은편은 벽이거나 창문이었다). 이곳은 환자를 위한 건물로 마흔 개의 방이 딸려 있었다. 안내자의 말에 따르면 환자의 건강이 회복되면 일반실로 옮길 수 있다고 했다. 그래서 앞서 말한 열아홉 개의 방 이외에도 여분으로 열 개의 방이 더 마련되어 있다고 했다. 이렇게 한 바퀴 돌며 건물을 소개하고 나서 안내인은 우리를 다시 거실로 안내했다. 그러고는 그가 지팡이를 들더니(이 나라에서는 명령을 내릴 때 이렇게 한다) 입을 열었다.

"우리 나라의 풍습에 따르면, 당신들은 오늘과 내일 이후로 이 숙소에서 사흘 동안 머물러야 합니다. 오늘과 내일은 아마도 여러분 일행이 숙소로 이동하고 짐을 옮기는 데 다 소모될 것입니다. 이토록 여러 날 머무른다고 해서 불편하게 생각하거나 억류당한다고 느끼지 마시기 바랍니다. 그 동안 충분한 휴식을 취하십시오. 필요한 물품은 모두 공급될 것입니다. 당신들에게 필요한 게 있으면 여기에 있는 하인 여섯 명이 도와줄 것입니다."

그의 세심한 배려에 감동과 존경의 마음이 절로 우러나왔다. 고마움을 표시하며 우리는 20피스톨을 그에게 내밀었다. 그러자 그가 웃으면서, "뭐요. 두 번이나 답례를 받으라고요?"라는 말을 간단히 던지고 우리 곁을 떠났다.

잠시 후에 저녁이 나왔다. 빵과 고기, 반찬 모두가 훌륭했다. 내가 유럽에서 맛보았던 여느 대학 기숙사의 음식보다 더욱 훌륭했다. 음료수도 세 가지나 나왔다. 포도주와, 맥주와 비슷한데 보다 맑은 곡주, 그리고 이 나라 토속 과일로 만든 사과술, 모두 싱싱하면서도 맛이 좋았다. 피로를 풀고 기분을 전환해주는 음료였다. 게다가 환자들을 위해서는 다량의 진홍빛 오렌지가 나왔다. 배에서 생긴 질병에 특별히 좋은 치유제라고 했다. 회색과 하얀색 알약 상자도 환자들에게 주어졌다. 잠들기 전에 한 알씩 복용하면 회복이 훨씬 빨라진다는 것이었다.

다음날 우리는 배에 있는 짐을 숙소로 옮겨오느라 한동안 분주했다. 이느 정도 정돈되자 나는 일행을 한데 불러모았다. 그럴 필요가 있다는 생각이 들었다.

"동료 여러분, 우리는 현재 처한 상황을 직시할 필요가 있습니다. 바다 깊숙이 잠길 뻔한 위험에 시달리다가 고래의 배에서 벗어난 요나처럼 육지에 상륙했습니다. 그렇지만 우리는 아직 생과 사의 갈림길에 있습니다. 신세계와 구세계 모두에서 멀리 떨어져 있기 때문입니다. 우리가 다시 유럽에 발을 디딜 수 있을지, 오로지 하나님만이 아십니다. 우리가 이곳에 상륙한 것은 정말이지 기적입니다. 기적이 아니라면 어떻게 이 섬에 오를 수 있었겠습니까. 그러니 과거의 구원에 대해서 뿐만 아니라, 현재의 위험, 앞으로 다가올 위험에 대해서 오로지 하나님께 간구하며 회개하도록 합시다. 다행스럽게 우리는 기독교 신자들이 사는 나라에 상륙했습니다. 신앙이 독실하고 친절한 사람들입니다. 그러니 우리의 얼굴에 사악하거나 저열한 기운이 나타나지 않도록 각별히 노력합시다. 각별히 주의해야 하는 이유가 있습니다. 그것은 그들이 우리에게 3일 동안 담으로 둘러싸인 이 건물 안에 머물도록 명령했기 때문입니다. 비록 친절하게 요청한 사항이긴 하지만 어디까지나 명령은 명령입니다. 혹시 우리의 언행이나 도덕성을 실험해 보기 위해 그러는지 누가 알겠습니까? 우리가 패덕하다고 생각되면 즉시 추방명령을 내릴지 모릅니다. 반면에 선하다고 판단되면, 우리가 여기에 머물 시간을 연장해줄 수도 있습니다. 우리를 시중 드는 하인들이 감시의 눈길을 늦추지 않고 있는지 모릅니다. 그러니 하나님께 맹세코, 우리 각자 자신의 몸과 마음을 사랑하듯이 하나님도 사랑하도록 합시다. 하나님과 더불어 평화를 누리면, 이곳 주민들도 우리를 기꺼이 도와줄 것입니다."

이에 일행 모두가 한목소리로 나의 적절한 훈계에 감사하며 동감을 표했다. 그리고 서로 싸우지 않고 진중하며 예의 바르게 지낼 것을 약속했다. 우리는 아무런 걱정 없이 사흘 동안 유쾌하게 보냈다. 사흘이 지나면 어떤 일이 닥칠지에 대한 불안도 없었다. 매일매일 환자를 보살피는 기쁨도 매우 컸다. 환자들은 하나님의 치유하는 손길이 자신을 안수하고 있다고 생각하면서 놀랍도록 빠른 속도로 회복되어갔다.

약속된 사흘이 지난 아침에 새로운 인물이 우리 앞에 나타났다. 우리가 본 적이 없는 인물이었다. 일전에 만났던 관리와 마찬가지로 푸른색 옷을 입고 있었다. 터번은 하얀색이었고 그 꼭대기에는 작은 적색 십자가가 달려 있었다. 그리고 훌륭한 아마포 어깨걸이를 하고 있었다. 우리에게 가까이 다가온 그는 가볍게 고개를 숙이면서 팔을 앞으로 내밀었다.

우리는 비굴하리만치 깍듯하게 예의를 갖추어 그에게 인사를 했다. 우리를 살리거나 죽이는 힘이 그에게 있는 듯이 보였기 때문이었다. 그는 우리 일행 중 몇몇과 이야기를 나누고 싶어했다. 우리 중 여섯 명이 남고 나머지 일행은 방을 빠져나갔다. 그가 먼저 말문을 열었다.

"저는 이 외빈관의 관장입니다. 신분상으로는 기독교 신부입니다. 그래서 낯선 기독교도인 여러분을 돕기 위해서 제가 여기 왔습니다. 몇 가지 드릴 말씀이 있습니다. 여러분에게 도움이 될 말입니다. 우리 왕국은 여러분이 6주 동안 머무르도록 허락했습니다. 사정이 있어서 더 오래 체류하고 싶으시면, 걱정하지 마십시오. 법률로 기간이 정해져 있지 않은지라 제가 노력하면 더 오랫동안 체류할 수 있도록 어렵지 않게 허락받을 수 있을 것입니다. 둘러보셔서 짐작하겠지만, 이 외빈관은 물자가 풍부합니다. 지난 36년 동안 외부에서 이 땅에 발을 디딘 사람이 없었기 때문에 물자가 소모되지 않고 계속 비축되기만 했습니다. 그러니 걱정하실 이유가 없습니다. 여러분이 머무르는 데 필요한 경비는 모두 국가에서 부담합니다. 괜히 부담을 줄까봐 서둘러 떠날 필요는 없다는 말씀입니다. 여러분이 가져온 물건은 여기서 사용해도 좋습니다. 남은 물품은 그대로 가져가도 좋고, 아니면 금이나 은으로 바꾸어서 가져가도 좋습니다. 우리에겐 모두 마찬가지니까요. 만약 여러분에게 필요한 게 있으면, 주저하지 말고 말씀하십시오. 여러분을 낙담시킬 일은 없을 것입니다. 마지막으로 한 가지 부탁을 드리겠습니다. 특별히 허가를 받지 않은 이상 도시의 성벽으로부터 1카란(1.5 마일 정도의 거리) 이상을 벗어나서는 안 된다는 것입니다."

품위가 있으면서도 마치 부모가 자식을 대하는 듯한 그의 애정 어린 말에 우리는 서로 얼굴을 쳐다보며 감동에 젖었다. 우리는 진심에서 우러나오는 감사의 말을 전했다. 그의 관대한 제안에 대해서는 더 이상 캐물을 여지가 없었다. 마치 우리 앞에 하나님의 구원의 손길이 뻗치는 듯싶었다. 불과 며칠 전까지만 해도 죽음의 위기에서 헤매던 우리가 이제 오로지 평화와 위안만이 기다리는 장소에서 휴식을 취하게 되다니! 이 행복하고 경건한 장소에서 나가 더 멀리까지 발길을 옮겨보고 싶은 욕심이 전혀 없지는 않았지만, 그렇다고 우리가 금지 사항을 어기지는 않을 것이었다. 마지막으로 우리는 다음과 같은 말을 덧붙였다.

"우리 혀가 입천장에 들러붙지 않는 이상, 우리는 이 나라와 나리를 위해서 부지런히 기도할 것입니다."

우리는 가지고 있던 모든 재물을 그에게 바친 다음 무릎을 꿇고 그의 앞에 엎드려 필요하다면 우리를 하인으로 생각해 달라고 겸허하게 말했다. 그러자 그는 자신이 신부라는 사실을 상기시키면서, 우리의 형제애, 그리고 우리 몸과 영혼의 안녕이 이미 충분한 보답이라고 말했다. 그것이 신부에 대한 최상의 보답이라는 것이었다. 그 말을 끝으로 그는 우리 곁을 떠났다. 우리에 대한 걱정으로 그의 눈시울이 젖어 있기까지 했다. 우리는 그의 친절한 배려에 감동해서 정신을 잃을 지경이었다. 우리가 천사의 나라에 왔노라고 외치면서. 천사가 매일 찾아와서 우리가 미처 생각하거나 예상하지도 못했던 온갖 혜택을 듬뿍 부여하다니!

다음날 오전 열 시경에 관장이 다시 우리 앞에 모습을 나타냈다. 안부 인사를 건넨 뒤, 우리를 만나러 일부러 왔노라고 했다. 우리는 그가 앉을 의자를 가져왔다. 우리 중 열 명이 그의 주위에 둘러앉았다(귀족 네 명을 제외한 나머지는 평민이었다. 동석하지 못한 평민들은 밖에 나가 있었다). 우리가 모두 자리를 잡고 앉자 그가 말문을 열었다.

"우리는 벤살렘(이 나라는 이러한 이름으로 불렸다) 섬에 살고 있지만 세계의 거주 가능한 여러 지역에 대해 잘 알고 있습니다. 그러나 정작 우리에 대해서는 세계의 어느 나라 사람들도 알지 못합니다. 우리가 이토록 외딴 섬에 사는 데다가, 섬 밖으로 나가는 주민이 있으면 비밀을 철저히 지키도록 법으로 정해놓고 있으며, 또 우리를 찾는 외부의 방문객이 거의 없는 탓입니다. 자, 그러면 궁금한 사람이 먼저 질문을 하는 게 순리이겠지요. 제가 여러분에게 질문하는 것보다 여러분이 저에게 질문하고 제가 대답하면서 시간을 보내는 게 훨씬 유쾌할 듯싶습니다."

그러한 특권을 허용해준 그의 배려에 대해 우리는 감사의 말을 건넸다. 세계의 각국을 여행하면서 얻은 경험에 비추어 볼 때, 이 세상의 어떤 값진 보물도 이 행복한 왕국의 상황에 버금갈 것이 없다는 생각을 품고 있던 터였다. 무엇보다 우리는 이 나라의 수호 성자가 누구인지, 어떻게 이 나라가 기독교로 개종했는지가 궁금했다. 세계의 극과 극에서 만나기는 했지만 우리 모두 기독교도인지라 사후에 천국에서 다시 대면하게 되는지도 몰랐다. 이 섬이 기독교를 섬기는 나라에서 멀리 떨어져 있으며, 더욱이 그 사이에는 무한한 미지의 바다가 가로놓여 있는지라 기독교가 전래된 과정에 관심이 쏠렸다. 관장은 이 질문에 매우 흡족해 하는 모습이었다.

"가장 먼저 내놓은 질문이 여러분과 나의 가슴을 하나로 묶어주었습니다. 무엇보다 먼저 여러분은 하나님의 왕국을 추구하는 게 분명합니다. 그러니 기쁜 마음으로 간단히 질문에 답해 드리겠습니다.

예수님이 승천하신 지 20일쯤 후의 일입니다. 렌푸사(우리 섬의 동해안에 위치한 도시이지요)의 주민들이 밤(하늘에 구름이 잔뜩 끼긴 했지만 바람이 없던 밤이었습니다) 하늘에서 거대한 빛의 기둥을 보았습니다. 바다 쪽으로 1마일 지점에서 원통형의 기둥 같은 빛이 수면에서 하늘을 향해 치솟고 있는 것입니다. 빛 기둥의 꼭대기에는 거대한 십자가가 휘황찬란하게 빛나고 있었습니다. 이처럼 기이한 광경에 놀란 주민들이 바닷가로 몰려나왔습니다. 몇몇 사람들은 보트를 타고 빛 기둥에 더욱 가까이 다가갔습니다. 빛 기둥에 60미터쯤까지 접근했을 때, 배에 탄 사람들은 갑자기 결박당한 듯한 느낌이 들었습니다. 그래서 앞으로 더 이상 나아갈 수가 없었습니다. 아무리 노력을 해도 헛수고였습니다. 결국 보트들은 한 줄로 나란히 늘어서서 하늘의 표식인 빛 기둥을 바라볼 수밖에 없었습니다. 당시 그 보트 중의 하나에는 솔로몬 학술원의 회원 한 분이 타고 있었습니다. 대학이라고도 불리는 이 학술원은 우리 왕국의 보배나 마찬가지입니다. 빛 기둥과 십자가를 경건한 마음으로 주의 깊게 관찰하던 그분이 갑자기 얼굴을 뱃바닥에 묻고서 쓰러졌습니다. 그러고는 무릎으로 일어서면서 하늘을 향해 두 팔을 벌리더니 다음과 같은 내용의 기도를 올렸습니다.

'하늘과 땅을 통치하시는 하나님, 우리 백성들에게 당신은 은총을 보여주셨습니다. 창조와 창조의 비밀을 이 백성들에게 알려주기 위해서입니다. 그래서 자손 대대로 이어지면서 인간이 신성한 기적과 자연의 섭리를 이해하고 좋은 예술작품을 분별하여 감상하며, 온갖 기만과 환상의 미혹에서 벗어날 수 있도록 백성들을 깨우치기 위해 당신은 은총을 보여주셨습니다. 저는 이 백성들 앞에서 선언하는 바입니다. 우리가 지금 목격하는 광경은 틀림없는 기적이며 당신의 섭리라는 사실을. 더욱이, 고결하며 훌륭한 목적을 위해서만 ― 자연의 법칙은 또한 하나님의 법칙이기 때문에 특별한 목적을 위해서가 아니라면 당신은 자연의 법칙을 깨뜨리지 않습니다 ― 하나님께서 기적을 베푸신다는 사실을 책에서 배워 알고 있기에 우리는 당신에게 간절히 기도드립니다. 이 기적의 뜻을 밝혀주셔서 우리가 잘 활용할 수 있도록 도와주시옵소서. 이 기적을 보내신 데는 당신의 숨겨진 약속이 있을 것입니다.'

이렇게 기도를 마쳤을 때 그는 자신이 타고 있던 보트가 결박에서 풀려나 다시 움직이기 시작하는 것을 깨달았습니다. 다른 보트들은 여전히 꼼짝할 수 없이 제자리에 묶여 있었습니다. 그분은 이제 자신이 빛 기둥에 접근해도 좋다는 허락을 받았다고 생각하고는 천천히 배를 저어 다가갔습니다. 그런데 그가 미처 목표에 닿기도 전에 빛 기둥이 산산이 흩어지더니 그만 하늘로 사라져버렸습니다. 마치 하늘에 별이 되어 잠시 빛나다가 마침내 감쪽같이 사라져버리듯이. 그런데 빛 기둥이 사라진 자리에 자그마한 삼목 상자 하나가 놓여 있는 게 아니겠습니까. 물위에 떠 있는 데도 상자는 전혀 젖어 있지 않았습니다. 학술원 회원이 눈을 들어 바라보니 상자의 앞부분에 자그마한 종려나무 가지가 자라고 있었습니다. 지혜로운 그분은 상자를 건져서 배에 실었습니다. 그랬더니 상자가 저절로 열리면서 책과 편지가 드러났습니다. 인도산 무명[5]으로 묶은 질이 좋은 양피지였습니다. 이 책에는 신약과 구약의 정전이 모두 담겨 있었습니다. 여러분이 지금 교회에서 사용하는 성경의 순서대로 배열되어서 말입니다. 여기에 덧붙여서 계시록, 그리고 당시에는 아직 쓰여지지 않았던 신약의 책들도 포함되어 있었습니다.[6] 편지의 내용은 다음과 같습니다.

주님의 종이며 예수 그리스도의 사도인 나 바르톨로메오[7]에게 어느 날 천사가 나타났다. 영광의 광채에 둘러싸여 나타난 천사는 이 상자를 바다에 띄우도록 명했다. 그리하여 이 상자가 닿게 되는 땅에 사는 백성들에게 고하노라. 이 상자와 더불어서 그 땅에 구원과 평화가 도래하도록 하나님께서 계획하셨으며, 또한 성

---

5) 원문에는 실의 재료가 신돈(Sindon)으로 나와 있는데, 질이 좋은 인도산 무명을 뜻한다. 이것은 매우 섬세하고 부드러운 직물이기 때문에 값이 비싸면서 약한 물건을 포장하는 재료로 사용되었다. 요즘 정제한 솜을 사용하는 경우에 볼 수 있듯이 말이다. 때문에 신돈이란 섬세한 포장이라는 의미를 지닌다.
6) 구약성서와 신약성서가 현재와 같은 형식과 체제를 갖춘 것은 비교적 최근의 일이었다. 구약의 책들은 BC 1200년부터 BC 200년까지 1,000년에 걸쳐 쓰여졌는데, 이 자료들을 토대로 해서 정경이 AD 100년경에 결정되었다고 한다. 신약의 경우, 서방 교회에서는 382년 로마 교황 다마수스 주제하에 히에로니무스의 협력을 얻어 정경의 목록을 작성했다고 한다.
7) 교회의 전승에 따르면 바르톨로메오 성자가 멀리 떨어진 고장에도 복음을 전하였다고 한다. 그는 아르메니아에서도 설교를 한 적이 있으며, 리카오니아(소아시아 남부에 있던 고대 국가·옮긴이 주) 사람들도 개종시켰으며, 개종에는 실패했지만 아무튼 인도에까지 복음서를 전파했다고 한다. 그는 인도에서 불귀의 객이 되었다.

부와 성자의 선한 뜻이 함께한다는 사실을.

이 두 가지 문서, 즉 편지와 책에도 모두 기적이 일어났습니다. 마치 사도들에게 방언의 은사가 임했듯이 말입니다. 당시 우리 나라에는 원주민 외에도 히브리 사람, 페르시아 사람, 인도 사람 들이 살고 있었습니다. 그런데 누구나 할 것 없이 마치 자기네 나랏말로 쓰여진 글을 읽듯이 성경을 읽어내지 않겠습니까. 이러한 연유로 해서 우리 나라는 죄악의 수렁에 빠지지 않고 구원을 받을 수 있었습니다. 과거에 홍수에 휩쓸려 멸망한 구세계에서 노아의 후예들이 살아 남았듯이 말입니다. 이것이 다 기적의 상자와 바르톨로메오 성자의 놀라운 복음 활동 덕분입니다."

여기서 관장은 잠시 말을 멈추었다. 그런데 그때 심부름꾼이 와서 그를 데려가는 바람에 우리 대화는 이것으로 끝이 날 수밖에 없었다.

다음날 저녁식사 직후에 관장이 다시 우리를 방문했다. 전날에는 부득이한 사정으로 갑작스레 자리를 떠날 수밖에 없었다며 사과를 했다. 그러고는 그것에 대해 보상으로 우리가 그와 함께 있기를 원하며 이야기를 나누고 싶다면 시간을 같이 보내겠노라고 했다. 우리는 대답했다.

"나리의 이야기가 너무나 유쾌하고 즐거웠기 때문에 말씀을 듣는 동안 우리는 과거의 위험과 앞으로 다가올 위험을 잊을 수 있었습니다. 그리고 나리와 함께 보낸 한 시간이 우리 과거 삶의 몇 년에 상당하는 가치가 있다고 생각하는 바입니다."

그는 우리에게 넌지시 허리를 숙여 고마움을 표시하고는 자리가 다 정돈되자 입을 열었다.

"질문할 사람은 당신네들이 아니던가요?"

잠시 침묵이 흐른 뒤에 우리 일행 중의 하나가 말했다.

"알고 싶어 안달이 날 지경이지만, 혹시 너무 꼬치꼬치 캐묻는 게 아닌가 꺼려져 감히 묻지 못하는 질문이 있습니다. 그럼에도 우리에게 베풀어주신 친절과 아량에 용기를 얻어 여쭙고자 합니다. 나리가 우리를 낯선 사람으로 대하지 않으시며, 우리 스스로도 나리의 충직한 하인이라고 생각하기 때문입니다. 그래서 간절하게 부탁드립니다. 만일 무례한 질문이라는 생각이 드시면 대답하지 않으셔도 무방합니다. 다만 저희의 어리석음은 쾌히 용서해주시리라 믿습니다. 어제 나리께서 들려주신 이야기를 듣고 저희는 다음과 같은 의문에 사로잡혔습니다. 저희가 지금 머물고 있는 이 행복의 섬은 다른 나라 사람들에게 전혀 알려지지 않았습니다. 그럼에도 이 섬의 주민들은 다른 나라의 사정에 대해서 손바닥을 들여다보듯이 훤히 알고 있습니다. 이 점에 대해서는 의심의 여지가 없습니다. 주민들은 다양한 유럽의 언어뿐만 아니라 각 나라의 상황과 사업에 대해서도 잘 알고 있습니다. 그럼에도 우리 유럽 사람들은 이 섬에 대해서 풍문으로도 전해들은 바가 없으며, 그 존재를 짐작조차 하지 못했습니다. 최근에 이루어진 많은 지리상의 발견과 항해에도 불구하고 말입니다. 우리에게 이것은 참으로 놀라운 일이 아닐 수 없습니다. 지구상의 나라들은 서로 정보를 주고받습니다. 낯선 나라로 우리가 직접 항해를 떠나든지, 아니면 다른 나라의 사람이 우리를 방문해서 이야기를 들려줍니다. 외국에 여행했던 사람은 자기 눈으로 직접 확인을 했기 때문에, 고국에 머물면서 여행자를 통해서 간접적으로 외국의 이야기를 들은 사람보다 훨씬 많은 것을 알고 있습니다. 어떠한 경우든, 두 나라 모두 상대방에 대한 지식을 어느 정도 상호 공유하게 마련입니다. 그런데 이 행복의 섬에 이르면 상황이 달라집니다. 이 섬의 주민이 유럽의 어떤 항구에 도착했다는 말을 지금까지 들어본 적이 없습니다. 더욱이, 동인도나 서인도를 비롯해서 세계 도처에서 어떤 배든 이 섬을 방문한 후에 돌아왔다는 소식을 접해본 적도 없습니다. 우리의 놀라움은 이것으로 끝나지 않습니다. 넓디넓은 바다 한가운데에 떠올랐던 그 비밀의 상자가 우리의 놀라움을 더욱 가중시켰습니다. 아무튼 이 섬에서 아득하게 멀리 떨어진 나라의 언어와 책, 사정에 대해서 이 섬의 주민들이 잘 알고 있다는 사실이 도저히 납득이 되지 않습니다. 하나님의 힘을 빌리지 않고서는 달리 설명할 도리가 없습니다. 사람들에게 모습을 드러내지 않으면서, 그들에 대해서는 빛으로 비추어보듯이 속속들이 들여다보는 신의 힘을 말하는 것입니다."

이 말을 들은 관장은 입가에 가벼운 미소를 띠우더니 말문을 열었다.

"당신네들이 던진 질문에 대해 먼저 용서를 구하니 천만다행입니다. 이 땅을 마치 마법사의 왕국이라도 되는 듯이 생각하다니요. 요정들을 외국으로 파견해서 새로운 소식과 지식을 날라오는 마법사의 왕국으로 생각하고 있는 셈이군요."

관장이 농담으로 이 말을 했다는 사실을 쉽게 알 수 있었다. 그럼에도 우리는 더욱 더 겸손한 표정으로 대답했다. 초

자연적인 힘이 이 섬을 지배하고 있다고 느꼈지만, 그것을 마법의 힘이 아닌 천사의 힘으로 이해하고 있노라고.

"우리가 두려움을 떨치지 못한 채 그토록 조심스럽게 질문한 까닭은 마법이니 하는 허무맹랑한 생각 때문이 아니었습니다. 다만 이 섬에는 외국인과 관련해서 비밀보호법이 있다는 나리의 말씀이 생각나서 그랬습니다."

그가 대답했다.

"잊지 않고 계시는군요. 제가 밝히면 법에 저촉이 되는 특별한 사항들이 있기는 합니다. 그렇지만 법에 저촉되지 않는 범위 내에서 당신들의 궁금증을 풀어드리겠습니다."

"당신네들은 믿기 어렵겠지만, 지금으로부터 약 3,000년 전, 혹은 그보다 이전에 살았던 사람들은 지금에 비해서 훨씬 광범한 지역을 항해했습니다. 특히 머나먼 이국으로의 항해가 그러했습니다. 그렇다고 제가 지난 120년 동안 유럽인들이 이룩한 항해술의 발전에 문외한이라고 생각하지는 마십시오. 저도 유럽 항해술의 발달에 대해 잘 알고 있습니다. 그렇지만 3,000년 전의 항해술이 지금보다 뛰어났다는 것은 틀림없는 사실입니다. 대홍수에도 불구하고 방주를 만들어서 살아 남은 노아의 후손들이 항해에 대해 치솟는 자신감을 가졌기 때문인지 아니면 다른 이유에서 그러한지는 모르지만, 아무튼 그것은 사실입니다. 페니키아[8] 사람들, 특히 티루스[9] 사람들은 거대한 함대를 가지고 있었습니다. 그래서 카르타고[10] 사람들이 저 먼 서쪽 나라에까지 식민지를 건설할 수 있었던 것입니다. 동쪽으로 항해를 했던 이집트와 팔레스타인 사람들은 동양에 대해 잘 알고 있었습니다. 중국도 항해술이 발달했습니다. 그리고 여러분들이 아메리카라 부르는 아틀란티스[11]도 현재는 자그마한 배나 카누밖에 없지만, 과거에는 거대한 선박을 가지고 있었습니다. 당시에 이처럼

---

8) 현재의 시리아·레바논·이스라엘 지역에 있던 지중해에 면한 고대 국가. 정치적으로 통일된 적은 없었지만 항구 도시를 중심으로 도시연맹의 형태를 취하면서 일찍부터 해상무역이 발달하였다. BC 3000년경에는 이집트와의 통상이 활발하였으나, BC 2000년경에 들어서면서 민족의 이동으로 혼란을 겪고, 한때 이집트와 히타이트의 세력 아래 놓인 때도 있었다. 그러나 BC 13세기에는 티레를 중심으로 부흥하여 각지에 식민시(植民市:商館)를 설치, 번영을 회복하였다. 특히 서부 지중해를 향한 진출이 두드러지면서, 아프리카 북안(北岸)에 우티카·카르타고와 에스파냐의 가데스 등에 식민시를 건설하였다. 그러나 BC 9세기경부터 아시리아가 강대해지면서 페니키아의 모든 도시는 점점 세력을 잃고, 아시리아·이집트·페르시아의 지배를 받다가 마침내 로마의 속주(屬州)가 되었다.
9) 고대 페니키아의 항구 도시로 항해자와 무역업자가 크게 활약한 것으로 유명하다. 현재는 레바논 남부의 수르 지방이다.
10) 아프리카 북부, 지금의 튀니스 부근에 있던 고대 도시국가로, 기원전 9세기경에 페니키아인이 건설했으나 기원전 146년 포에니 전쟁의 마지막 싸움에서 로마군에게 멸망하였다.

넓은 지역을 항해했던 사람들이 남긴 자료에는 우리 왕국에 관한 이야기도 실려 있습니다. 당시 우리는 거대한 선박을 1,500척이나 소유하고 있었다고 합니다. 이런 모든 일에 대해 유럽 사람들은 거의 기억하지 못하거나 까마득하게 잊어 버렸습니다. 그렇지만 우리는 아직도 많은 자료를 소장하고 있습니다.

당시에는 앞서 거명했던 나라의 선박들이 우리 섬을 자주 방문했습니다. 이들 선박에 다른 나라 사람들도 많이 동승했습니다. 이들은 선원이 아니었지요. 페르시아나 칼데아[12], 아라비아 사람 들을 위시해서 당시의 강대하며 위세를 떨치던

---

11) 아메리카를 신대륙(New Atlantis) 혹은 신세계(New World)라고 하는 경우가 많기 때문에 베이컨도 이를 아틀란티스라고 명명하였다. 유럽인에 의한 아메리카의 본격적인 탐험은 콜럼버스의 항해에서부터 시작되었는데, 그는 1492년 10월 12일에 바하마제도에 상륙하였으나 그곳의 원주민을 보고 인도에 도달한 것으로 생각하였다. 그는 죽을 때까지도 이곳이 신대륙이라는 사실을 몰랐다고 한다. 콜럼버스의 2·3차 항해에 쓰일 배의 건조 일을 도왔던 아메리고 베스푸치도 1497~1503년에 걸쳐 신대륙에 여러 번 항해하였다. 1503년에 아메리쿠스 베스푸시우스(베스푸치의 라틴명)의 이름으로 발행된 작은 책자 《신세계 Mundus Novus》, 1505년경 발간된 《네 차례의 항해에서 새로 발견한 육지에 관한 아메리고 베스푸치의 서한》 등에 근거하여 1507년 독일의 지리학자 M.발트제뮐러가 그의 저서 《세계지 입문(世界誌入門)》(1507)에서 '신세계'임을 발견한 아메리고의 이름을 기념하여 그것을 아메리카라고 부르기를 제창하였고, 이것이 뒤에 널리 승인되었다.

국가들은 예외 없이 우리 나라를 방문했습니다. 아직도 우리 섬에는 이들 자손과 종속들이 살고 있습니다. 물론 당시에 우리 함선도 바다를 종횡무진으로 누비고 다녔습니다. 유럽 사람들이 헤라클레스 기둥이라 부르는 해협을 비롯해서 대서양과 지중해는 물론이고, 페귄, 퀸지, 동양의 바다, 심지어 동타타르 연안까지 항해를 했습니다.[13] 당시에, 그리고 그 이후로도 아틀란티스[14]의 주민들은 매우 풍요로운 삶을 살았습니다. 아틀란티스에 관해 쓰여진 기록이 기껏해야 문학적인 허구라고 당신네 유럽 사람들은 생각할 것입니다. 가령, 바

---

12) 바빌로니아 남부를 가리키는 고대의 지명. 구약성경에서는 칼데아를 흔히 바빌로니아와 동의어로 사용하고 있다. 칼데아인은 BC 1000년기(紀) 전반에 바빌로니아 남부에서 활약한 셈계(系)의 한 종족으로, BC 625년 나보폴라사르는 아시리아에서 독립, 메디아와 연합하여 아시리아의 수도 니네베를 함락(BC 613)시키고 칼데아(신바빌로니아) 제국을 창건하였다. 네부카드네자르의 시대에는 나라가 최성기를 맞이하여 많은 신전이 재건되었으며 수도 바빌론은 번영하여 함무라비 시대의 재현이라고 일컬어졌다. 또 지식계급인 신관(神官)들에 의하여 이 시대에 점성술이나 각종 점복술이 크게 발달하였다. 그러나 내분으로 87년 만에 멸망하였다.
13) 헤라클레스 기둥은 지브롤터를, 페귄은 인도 서부의 구라자트, 퀸지는 중국의 한 지방을 지칭한다. 고대에 구라자트 지방은 무역이 성행했는데, 항만의 수심이 점차 얕아지면서 무역도 쇠퇴의 길을 걸었다.
14) 지브롤터 서쪽의 대서양에 있다가 바닷속으로 가라앉았다고 플라톤이 말했던 전설상의 섬. 우주 창조를 설명하는 《티마이어스 Timaeus》에서 플라톤은 아틀란티스에 대해 다음과 같이 말하고 있다. "지금 우리가 헤라클레스 기둥이라 부르는

다의 신 포세이돈의 자손이 거기에 살았으며, 거대한 신전과 궁전·도시·언덕이 있었으며, 항해하기 좋은 여러 강이 흐른다느니, 길쭉한 돌들이 가지런히 놓인 비탈길처럼 신전에 오르는 높은 계단이 있었다는 이야기들이 전해옵니다. 그렇지만 그것은 허구나 전설이 아니라 모두 사실입니다. 당시 코야라 불린 페루나, 티람벨이라 불린 멕시코와 마찬가지로 아틀란티스도 실제로 존재했습니다. 병력이나 선박, 경제력 등 모든 면에서 강대하고 자신만만한 국가였습니다. 가장 번창하던 시기에, 아마도 십 년에 걸친 기간인 듯싶습니다. 아틀란티스의 코야와 티람벨 사람들이 두 차례에 걸쳐 대항해를 계획했습니다. 티람벨 사람들이 대서양을 거쳐서 지중해로 항해했고, 코야 사람들은 남해를 거쳐서 우리 섬으로 항해했습니다. 유럽으로 향했던 티람벨 사람의 항해에 관한 유

해협의 앞에 한 섬이 있었다. 그 섬은 리비아와 아시아를 합친 것보다 훨씬 컸다…… 이 아틀란티스 섬을 거대한 왕국이 통치하고 있었다. …… 그런데 후에 큰 지진이 일어나고 홍수가 밀어닥쳐서 불과 하루 사이에 이 왕국의 늠름한 용사들이 모두 땅밑에 매장되고, 그와 동시에 아틀란티스 섬도 바다 밑으로 잠기고 말았다." 플라톤의 설명에 의하면, 아틀란티스가 바닷속에 잠기기 전에는 섬 주위의 바다로 항해가 가능했기 때문에 사람들이 자유롭게 여러 지역을 항해할 수 있었다. 그러나 아틀란티스가 잠기면서 이러한 항해로를 모두 막아버렸다. 3,000년 전에 항해가 활발했다고 말하는 베이컨은 이러한 플라톤의 설명을 염두에 두고 있었던 듯하다.

럽인의 기록이 남아 있습니다. 이집트 승려에게서 전해들은 내용에 근거해서 기록한 것이지요. 아테네 사람들이 이러한 기록을 의심하고 부정했는지 저로서는 아는 바가 없습니다. 하지만 이 점은 확실합니다. 항해를 떠났던 함선과 선원들, 그 어느 것도 되돌아오지 못했습니다. 우리 섬을 정복하기 위해 떠났던 코야 군인들에게도 행운이 따르지 않았습니다. 당시 이 섬은 알태빈이라는 왕이 통치하고 있었습니다. 현명하면서도 무용이 뛰어난 왕으로 자신의 세력뿐 아니라 적의 세력까지 잘 파악하고 있었습니다. 코야의 함선을 코야의 지상군으로부터 단절시키는 전략을 구사했습니다. 보다 많은 함선과 병력을 파견해서 코야의 함선과 해군기지를 포위함으로써 그들을 무기력하게 만들었습니다. 결국 육지에서든 바다에서든 꼼짝할 수 없게 된 코야 군인들은 마침내 항복할 수밖에 없었습니다. 더 이상 우리 섬을 공격하지 않겠다는 엄숙한 맹세를 코야군으로부터 받아낸 알태빈 왕은 이들을 무사히 풀어주었습니다. 그러나 하늘이 코야를 용서하지 않았습니다. 이 오만한 정벌 계획이 있은 지 채 백 년이 지나지 않아서 아틀란티스는 완전히 몰락해버렸습니다. 유럽 사람들이 말하는 것처럼 지진으로 인해 파괴된 것이 아닙니다.

아틀란티스 대륙은 전체가 지진권에서 벗어나 있었습니다. 홍수로 멸망했습니다. 아틀란티스의 나라들은 구세계의 어느 나라에 비하더라도 산이 높고 강이 많은 편이어서 홍수가 나기 어렵습니다. 그런데도 물의 범람으로 몰락했던 것입니다. 범람의 정도가 그렇게 심하지도 않았습니다. 바닥으로부터 다만 120센티미터쯤 물이 차올랐을 따름이었습니다. 그래서인지 사람과 가축은 거의 전멸했지만, 숲에 살던 약간의 맹수들은 살아 남았습니다. 새들은 높은 나무나 숲속으로 날아가 생명을 부지할 수 있었습니다. 사람의 경우에도 물에 잠기지 않은 높은 건물들이 없지 않았으므로 운 좋게 익사하지 않은 사람들이 있었습니다. 그러나 범람의 기간이 워낙 오랫동안 지속되었던지라 식량 부족으로 목숨을 연명할 수가 없었습니다. 그러니 여러분은 아메리카의 인구가 너무 적은 데다가 그들이 무지하고 조야하다는 사실에 대해 크게 놀랄 이유가 없습니다. 세계 다른 나라에 비해 적어도 천 년 정도 역사가 짧은 종족이기 때문입니다. 노아의 홍수와 아틀란티스의 홍수 사이에 천 년의 간극이 있습니다. 다만 산꼭대기에 머무르면서 생존했던 가엾은 사람들의 자손은 해가 지나면서 서서히 증가하기 시작했습니다. 지구에서 다시 번창하게 된 노아 및 그의 아들과 달리, 그들은 우직하며 미개한 사람들인지라 편지나 예술작품 등 그 밖의 어떤 기록도 후대에 남겨놓지 못했습니다. 그리고 산꼭대기에 살던 시절에는 혹독한 추위로부터 몸을 보호하기 위해 호랑이나 곰, 털이 무성한 염소 등의 가죽으로 옷을 만들어 입었습니다. 그러다 다시 낮은 평지로 내려오니 반대로 날씨가 너무 더워서 어찌할 바를 모르던 그들은 가벼운 옷을 만들 줄도 모르는지라 그냥 입던 옷을 벗어던지고 알몸으로 생활하기 시작했습니다. 그런 풍습이 지금까지 계속되어온 셈입니다. 그들은 다만 새의 깃털을 가지고 매우 자랑하면서 기꺼워합니다. 산에 살던 조상에게서 전래되어온 풍습임에 틀림없습니다. 물이 땅을 가득 메우고 있던 시절에, 하늘로 높이 날아올라 산자락에 사뿐히 내려앉던 새들이 이들 조상에게는 한없이 부러웠던 모양입니다. 당신네들도 짐작할 수 있듯이, 이러한 일련의 사건으로 인해 우리는 아메리카 사람들과 연락이 두절되고 말았습니다. 지리적으로 우리와 가장 근접해 있는데 말입니다. 세계의 나머지 지역에 대해서 말하자면, 시간이 지나면서 점차 항해술이 쇠퇴하기 시작했습니다. 그 원인은 잘 모르겠습니다. 전쟁 때문인지 아니면 어찌하다 보니 자연스레 그렇게 되었는지. 특히 먼 지역으로의 항해는 거의 중단되고 말았습니다. 하긴 갤리선으로 먼 바다를 항해할 수는 없었겠지요. 이후로 다른 나라에서 우리 나라로 항해하는 배들도 종적을 감추고 말았습니다. 여러분처럼 어쩌다 우연하게 찾아들지 않는다면 말입니다. 얼마나 오랫동안 연락이 두절되었는지 이제 짐작할 수 있겠지요. 그렇다면 왜 우리가 바다를 항해해서 다른 나라와 연락을 취하지 않는지 궁금하겠군요. 여기에 이유가 있습니다. 진실을 말하면, 우리 선박이나 선원, 항해사의 양과 질, 항해술과 필요 장비에서 예전만큼 뛰어나다고 말할 수는 없지만 그것이 우리가 이 섬 밖으로 나가지 않는 이유는 아닙니다. 진짜 이유를 말씀드리지요. 이 사정을 들으면 당신네들이 품었던 의문도 저절로 풀리리라 믿습니다.

지금으로부터 약 1,900년 전경에 한 왕이 이 섬을 통치했습니다. 역대 왕들 중에서도 우리가 가장 존경하는 왕입니다. 하나님은 인간을 도구로 해서 당신의 뜻을 이루시는데, 이 왕이 그런 신성한 도구였습니다. 솔라모나라는 이름의 왕은 우리 왕국의 율법을 정했습니다. 워낙 도량이 넓고 한없이 인자하신 왕은 오로지 왕국과 백성의 행복을 위해 일생을

헌신했습니다. 솔라모나 왕은 외국 사람의 도움 없이도 이 왕국의 주민들이 행복하게 살 수 있다고 판단했습니다. 둘레가 5,600마일인 이 섬의 대부분은 토양이 매우 비옥합니다. 왕국 주위의 바다를 배로 오고가면서 고기를 잡고 항구와 항구를 왕래하며, 근처의 자그마한 섬으로 항해하는 것으로 충분하다고 생각한 왕은 이것을 법으로 정했습니다. 그리고 당시 왕국이 누렸던 더할 나위 없는 행복과 복지를 고려할 때, 더욱 여건이 향상되기를 바랄 수 없을 만큼 행복했기 때문에, 만약 왕국에 어떤 변화가 일어난다면 나쁜 방향으로 변할 수밖에 없다고 판단하고(인간의 상상력이 미치는 한에 있어서) 당시의 상황이 영원히 유지되는 게 최상이라고 결심했습니다. 고결하면서도 영웅적인 결단이었지요. 그래서 이 왕국의 근간이 되는 율법으로 그는 외국인의 입국 금지를 법제화했습니다. 새로운 문물이 들어와서 우리 왕국의 습속과 뒤섞이면 좋을 게 없기 때문이었습니다. 아메리카의 몰락 이후이긴 하지만 당시엔 외국인의 출입이 잦았습니다. 이처럼 허락 없이 들어오는 외국인의 출입을 금지하는 법은 중국에서도 오래 전에 시행되었으며 지금도 여전히 유효한 법입니다. 하지만 이러한 폐쇄성의 결과, 중국은 외국에 대해 겁을 내면서 여전히 호기심에 사로잡힌 어리석고 무지한 나라로 전락하고 말았습니다. 그 점에서 우리는 중국과 다릅니다. 우리의 입법자는 어디까지나 인도적인 관점에 입각하여 고난에 처한 외국인을 돕는 법을 제정하고 시행 세칙까지 마련했습니다. 여러분도 이 법의 혜택을 받는 셈이지요."

이 말에 우리는 모두 일어서서 그에게 허리를 굽혀 인사를 했다. 그는 말을 이어나갔다.

"왕의 배려는 그것으로 끝나지 않았습니다. 인도주의와 왕국 보호정책을 조화롭게 결합하려 했던 왕은 외국인의 뜻에 반해서 그들을 우리 왕국에 붙잡아두는 것은 인도주의 원칙을 거스르는 것이며, 그렇다고 그들이 고국으로 돌아가서 우리 왕국에 대한 소문을 사방에 퍼뜨리도록 내버려두는 것은 왕국 보호정책에 어긋나는 것이라고 생각했습니다. 그래서 다음과 같은 결정을 내렸습니다. 우리 섬에 상륙한 외국인들은 원한다면 언제라도 자유롭게 섬을 떠나 고국으로 돌아갈 수 있다. 그러나 자진해서 우리 섬에 남기를 원한다면 여건이 허용하는 동안 계속 체류해도 좋다는 결정이었습니다. 왕은 앞을 내다보는 혜안을 가진 분이었습니다. 비밀법이 제정된 이후로 오랜 세월이 흘렀지만, 고국으로 되돌아간 배는 아직까지 한 척도 없었기 때문입니다. 다만 여러 차례에 걸쳐서 열세 명이 고국으로 되돌아갔습니다. 돌아간 사람들이 우리 섬에 대해 이야기했는지 저희는 알지 못합니다. 그렇지만 이것만은 분명합니다. 그들이 고국에 돌아가서 어떤 말을 하건, 그들의 이야기는 자다가 꿈꾸는 소리쯤으로밖에 취급되지 않을 것이라는 사실입니다. 그러면 이제 우리 나라의 외국 항해에 대해서 말씀드리겠습니다. 우리의 입법자는 외국으로 항해하는 것마저 금지하는 게 옳다고 생각했습니다. 그러나 우리의 사정이 중국과 같다고 생각하면 안 됩니다. 중국은 상황이 허락하면 여러 나라로 항해하면서도, 정작 외국인이 문을 두드리면 입국을 철저히 금했습니다. 즉 외국에 대한 두려움과 공포에서 외국인 입국 금지법을 제정한 것입니다. 우리 왕국은 경우가 다릅니다. 우리의 금지법은 외국인들과의 교류에서 오는 좋은 점은 보전하면서 나쁜 점은 멀리하려는 훌륭한 취지에서 비롯되었기 때문입니다. 보다 구체적으로 말씀드리지요. 처음엔 이 이야기가 본론에서 벗어나는 듯한 인상을 줄지도 모르겠습니다만, 듣다 보면 차츰 이야기의 취지가 분명해질 것입니다.

   입법자 왕의 훌륭한 활동 중에서도 단연코 뛰어난 업적이 하나 있습니다. 솔로몬 전당이라 불리는 학술원의 건립이 그것입니다. 지금까지 지구상에 있던 제도 가운데 가장 고귀한 이 기관은 우리 왕국의 등불 역할을 합니다. 하나님의 섭리와 하나님이 창조한 피조물에 대해 연구하는 기관이지요. 혹자는 원래 솔라모나 전당이라는 이름이었는데, 창립자의 이름을 잘못 표기하는 바람에 솔로몬 전당으로 불리게 되었다고 주장합니다. 그러나 솔로몬이라는 표기가 정확합니다. 저의 소견으로는, 당신네 유럽 사람이나 우리가 잘 아는 히브리 왕의 이름에서 솔로몬 전당이라는 이름이 유래되었다고 생각합니다. 사실 우리는 당신네 유럽 사람들에게는 알려지지 않은 솔로몬의 저술 일부를 소장하고 있기도 합니다. 그가 리바너스의 삼목에서부터 벽에 자라는 이끼에 이르기까지 온갖 종류의 식물과 살아서 움직이는 생물에 대해 저술한 자연사가 바로 그것입니다. 이러한 사실에 미루어보면, 여러모로 왕 자신이 구약의 솔로몬 왕(우리 왕에 앞서 생존했던)과 닮았다고 생각했던 솔라모나 왕은 솔로몬 학술원을 건립함으로써 그를 기리고 기억하려 했던 듯이 보입니다. 한 가지 이유가 더 있습니다. 과거에 기록된 서책에 솔로몬 학술원이 때로 '6일 작업 대학'이라 불리기도 했다는 사실이 적혀 있습니다. 히브리 사람들로부터 하나님이 세상을 6일 동안에 창조했다는 소식을 우리의 위대한 왕이 익히 들어서 알고 있었다는 이야기이지요. 그래서 사물의 진정한 본질을 발견하기 위한 목적으로 — 피조물을 창조한 신의 영광을 더욱 밝히 드러내면서 동시에 인간이 이들 피조물을 더욱 값지게 활용할 수 있도록 — 이 학술원을 건립하면서 '6일 작업 대학'이라는 명칭을 붙이기도 했던 것입니다.

이제 이야기의 본론으로 돌아오기로 하지요. 백성들이 영해를 벗어난 지역으로 항해하는 것을 왕이 금지했음에도, 그는 한 가지 예외적인 조항을 두었습니다. 일 년에 한 번씩 두 척의 배가 이 왕국을 벗어나 여러 지역으로 항해할 수 있다는 규정이 그것입니다. 이 배에는 솔로몬 학술원 회원이 세 명씩 탑승을 해서 각자 맡은 나라의 상황과 사정을 파악하는 임무를 수행합니다. 특히 세계 도처에서 이루어지는 과학이나 예술, 기술의 발달, 발명품 등이 연구의 목적이 됩니다. 그리고 중요한 서적, 기구, 모형 들을 가지고 귀국하게 됩니다. 이 배는 타국에 학술원 회원들을 떨어뜨려놓고서 우리 왕국으로 되돌아오는데, 이들 회원은 새로운 임무가 주어질 때까지 타국에 머무릅니다. 배에 싣고온 상당량의 음식물과 보석을 가지고 그들은 필요한 물품을 구입하며 정보를 제공하는 사람들에게 답례를 하기도 합니다. 그러나 평범한 선원들은 이국 땅에 발을 디디면 발각될 염려가 있기 때문에 선실에서 숨어 지내야 합니다. 부득이 육지에 오르는 선원은 본토인처럼 변장을 하고 그들의 이름을 사용해야 합니다. 이 모든 것에 대해서 자세히 말씀드릴 수가 없군요. 항해의 목적지가 어디인지, 새로운 임무를 부여받는 장소가 어디인지, 또 이들 학술원 회원의 자세한 활동에 대해서도 말씀을 드릴 수가 없습니다. 당신네들도 구태여 알고 싶어하지 않을 줄로 압니다. 아무튼 우리가 금이나 은·보석·비단·향료, 혹은 이와 비슷한 물건들을 얻기 위해서 외국으로 항해하는 것이 아니라는 사실은 당신들도 분명히 납득했으리라고 생각합니다. 우리는 하나님이 첫날에 창조한 빛을 찾아 항해를 합니다. 빛이 항해의 목표입니다. 세계의 방방곡곡에서 점점 밝아오는 빛을 우리는 추구하는 것입니다."

이 말을 끝으로 그는 입을 다물었다. 우리도 모두 말이 없었다. 기괴하고 진귀한 일들을 그럴싸하게 말하는 그의 말재주에 우리는 잠시 넋을 잃었다. 뭔가 이야기를 꺼내고 싶어하면서도 망설이기만 하는 우리 모습을 보고, 그가 친절하게

도 우리가 항해하면서 겪었던 우여곡절에 대해 먼저 질문하기 시작했다. 마지막엔 우리가 이 왕국에서 얼마 동안이나 머물고 싶은지 물었다. 우리가 원하는 만큼의 기간을 얻어줄 테니 너무 걱정하지 말라는 말까지 덧붙이면서. 이에 감동한 우리는 모두 일어서서 그의 어깨걸이 자락에 입맞추려 했지만, 그는 우리를 극구 말리면서 자리에서 일어났다. 그가 떠나고 나서 우리는 이 왕국이 외국인들에게 체류 기간을 정해준다는 사실에 생각이 미쳤다. 배를 손보기 위해서도 많은 시간이 소요될 것이었다. 일행 중 몇몇은 당장이라도 관장에게 달려가서 체류 기간에 대해서 말을 듣고 싶어했다. 그러나 앞으로 나아갈 방향에 대해 공동의 의견이 모아지지 않은 채 관장을 만나는 것은 좋지 않다는 생각에서 극구 만류했다.

이제 위험과 절망의 구렁텅이에서 벗어났다는 생각이 들자, 우리는 자유롭게 행동하기 시작했다. 구경거리를 찾아나서기도 하고 숙소 주변의 가까운 장소를 방문하기도 하면서 즐거운 나날을 보냈다. 이 왕국의 여러 괜찮은 사람들과 교분도 나누게 되었다. 관대하고 친절한 이들은 이방인들까지도 따스하게 환영하면서 자유롭게 교제하기를 원했다. 이들과 함께 시간을 보내노라면 고국에 두고 온 가족이나 친구들에 대한 생각도 뇌리에서 사라질 정도였다. 우리는 끊임없이 새로운 문물과 접했다. 주의 깊은 관찰과 기록에 값하는 것들이었다. 만약 우리가 잠시도 눈을 떼지 못할 만큼 아름다운 이상향이 이 세상 어딘가에 존재한다면, 이 왕국이 바로 그러한 이상향이었다.

하루는 일행 중 두 명이 한 가족 축제에 초대받았다. 이 가족 축제는 경건하면서도 자연스러우며 경이로운 관습으로, 이 왕국의 훌륭함을 여실히 증명하는 것이었다. 이 축제의 격식이나 절차에 대해 부연하기로 한다.

나이가 세 살 이상인 후손을 서른 명 이상 거느린 가장이라면 누구나 가족 축제를 개최할 수 있었다. 국가가 모든 경비를 조달하는데, 축제가 열리기 이틀 전에 '터산'이라 불리는 호스트 가장은 절친한 친구 셋을 초대한다. 축제가 개최되는 도시의 시장에게도 도움을 청할 수 있으며, 물론 남녀노소를 막론하고 모든 가족이 함께 축제를 준비한다. 준비하는 이틀 동안 터산은 초대한 친구들과 가정의 평화와 행복에 관해 의논한다. 만약 가정 내에 다툼이 있으면, 그 당사자들은 서로 화해하며 조정하는 시간을 갖는다. 또 가족의 일원 가운데 고통당하는 사람이 있으면 고통을 경감할 수 있는 방법이나 생활에 도움이 될 만한 수단을 강구하며, 악의 진창에 빠져 있거나 헛되이 방황하는 사람이 있으면 크게 꾸지람을 듣는다. 이런 식으로 가장은 결혼에 대해, 인생의 주요 결정 사항이나 문제에 대해서 조언하며 도움을 준다. 이때 시장은 터산의 지시와 명령이 제대로 전달되고 시행되는지의 여부를 감독하는데, 불복종하는 사람이 있으면 공적인 권위를 빌려서 복종하도록 만든다. 가족 모두 터산을 존경하는지라 불복종하는 일은 거의 일어나지 않는다. 그의 아들 가운데 한 명이 아버지를 모시며 함께 사는데, 특별히 그를 '포도의 아들'이라 부른다. 이러한 호칭에 대해서는 나중에 설명하기로 한다.

축제일에 신성한 의식을 거행하기 위해서 터산이 행사장으로 나온다. 행사장은 넓은 방인데, 그 윗 부분으로 높게 만든 단(壇)이 설치되어 있다. 단의 중앙에 벽을 등지고 터산이 앉을 의자가 놓인다. 의자 앞에는 제식용 상이 놓이며 그 앞에 카펫이 깔린다. 의자 위로는 원형이나 타원형의 닫집[15]이 있다. 이 닫집은 담쟁이나무로 만드는데, 담쟁이덩굴은 유럽

---

15) 궁전 안의 옥좌 위나 법당의 불좌 위에 매다는 집 모형으로, 감실(龕室)이나 당가(唐家)라고도 한다.

산보다 색이 희다. 은사시나무의 잎사귀처럼 희디희지만 동시에 밝은 빛이 난다. 겨울에도 잎사귀가 시들지 않고 여전히 싱싱한 푸른 나무이다. 닫집은 은을 비롯해서 각양각색의 비단으로 공교하게 장식할 뿐 아니라 은과 비단으로 짠 망사천으로 언제나 덮어놓는다. 닫집의 장식은 모두 터산의 딸들이 도맡는다. 아무튼 닫집의 재료가 담쟁이나무인지라 이 가문의 친구들은 행사가 끝난 뒤 그 잎사귀나 가지를 간직하고 싶어한다.

  이제 본격적인 축제 절차에 대해 말하면, 터산은 자손 모두를 거느리고서 방 앞으로 걸어나온다. 남자들이 그에 앞서 걷고, 여자들은 그의 뒤를 따라나온다. 이때 만약 자손들의 어머니가 참석한다면, 특별한 배려로 의식용 의자의 오른편에 위치한 다락방이 그녀의 몫으로 주어진다. 그녀는 비밀 쪽문을 열고 다락방으로 들어가서 행사를 구경하는 것이다. 다락방에는 금색과 파란색 판유리로 된 창이 있어서 안에서는 밖이 보이지만 밖에서는 안이 보이지 않는다. 아무튼 방 앞으로 나와서 터산은 준비된 의자에 앉는다. 그러면 모든 자손들이 성별의 구별 없이 나이순으로 벽에 등을 기대고 단위에 선다. 언제나 깨끗하게 정돈되어 있게 마련인 방은 이

제 사람들로 가득 찬다. 터산이 자리에 앉은 후 잠시 침묵이 흐른다. 이때 방의 아랫 부분에서 사자(使者)가 양옆에 두 젊은이를 대동하고서 나타난다. 한 명은 번득이는 노란 양피지 두루마리를 들고 있으며, 다른 한 명은 금으로 만든 포도송이와 가지를 들고 있다. 이들은 초록색 공단 망토를 걸치고 있는데, 굳이 차이가 있다면 사자의 망토에는 금줄이 둘러 있고 옷자락이 드리워져 있다는 점이다. 세 번 절을 한 후, 아니 정확히 말하면 세 번 허리를 숙여 인사한 다음에 사자는 단으로 가까이 다가가서 두루마리를 손에 든다. 이 두루마리는 왕이 작성한 문서로, 하사금과 더불어 특권이나 면세권, 가장에게 부여된 명예 등의 항목이 빼곡하게 적혀 있다. 문구는 '우리의 경애하는 친구이자 채권자인 아무개에게' 라는 구절로 시작된다. 이 축제와 관련해서 이러한 호칭보다 더욱 적합한 호칭이 있을 수가 없다. 왕국 사람들의 말에 따르면, 왕은 백성의 숫자를 늘리는 사람에 대해 자신이 채무자라고 생각한다. 문서에 찍힌 옥새에는 양의 문양이 금으로 새겨져 있다. 이러한 문서는 신속하게 발송되곤 하는데, 가문의 명예나 가족의 규모에 따라서 그 내용이 달라지기도 한다. 사자가 문서를 큰 소리로 읽는 동안, 터산은 두 아들의 부축을 받아 일어나서 내용을 듣는다. 낭독이 끝나면 사자는 단에 올라가서 터산의 손에 문서를 넘겨준다. 이때 함께 참석한 사람들은 모두 모국어로 "벤살렘의 백성들은 행복하다"라고 외친다. 그러면 사자는 소년에게서 금 포도송이와 가지를 인계받는다. 이 포도송이에는 정교하게 에나멜이 칠해지는데, 만약 가족 구성원 중 남자의 수가 많으면 진홍색으로 채색하며 꼭대기에 작은 태양의 문양을 그려넣는다. 반대로 여자의 수가 많으면 연초록으로 채색하고 꼭대기에는 초승달을 그려넣는다. 여기서 포도송이의 숫자는 터산의 후손 수와 정확히 일치한다. 사자로부터 금 포도송이를 전달받은 터산은 이것을 다시 자기를 모시는 아들에게 인수한다. 터산이 외출할 때마다 아들이 동행한다. 이때 아들은 아버지의 앞에 나아가며 이 명예의 표시인 금 포도송이를 달고 다닌다. '포도의 아들'이라 불리는 이유가 여기에 있다.

의식이 끝나면 터산은 물러나 휴식을 취한다. 저녁식사 시간에 다시 나타난 그는 이전처럼 닫집 아래 의자에 앉는다. 솔로몬 학술원 회원이 아니라면, 아무리 사회적 지위가 높은 자손이라 할지라도 그와 함께 식탁에 합석하지 못한다. 아들들은 무릎을 꿇고서 정성스레 식사 시중을 든다. 여자는 벽에 기대고 서 있다가 필요하면 심부름을 할 따름이다. 단 아래에는 초대한 손님을 위해서 푸짐한 식탁이 마련되어 있다. 아무리 거나한 잔치라 해도 식사 시간이 한 시간 삼십 분을 넘지 않으며, 식사가 끝나면 모두 찬송가를 부른다. 왕국의 사람들은 작시와 작곡에 뛰어난 재능을 지니고 있는 바, 노래에 작곡자와 작사자의 취향이 반영되어 있다. 그럼에도 주제는 늘 아담과 노아, 아브라함을 찬양하는 것으로 일관된다. 아담과 노아는 인류의 조상이기 때문에, 그리고 아브라함은 믿음의 조상이기 때문에 찬양하는데, 찬송가는 언제나 구세주의 탄생을 축하하는 문구로 끝을 맺는다. 예수의 탄생으로 인하여 모든 인류가 구원을 받았기 때문이다. 이윽고 식사가 끝나면, 터산은 물러나 홀로 조용히 기도를 올린다. 그가 세 번째로 축제의 방에 다시 나타나는 것은 모든 자손들을 축복하기 위해서이다. 이때 자손들은 의식을 처음 시작할 때와 마찬가지로 모두 일어선다. 그러면 터산은 하나하나 나이순으로 자손들의 이름을 부른다. 이때 순서가 어긋나는 경우는 거의 없다. 호명된 자손이 의자 앞에 무릎을 꿇고 앉으면 터산은 그의 머리에 손을 얹고서 다음과 같은 축복의 말을 건넨다.

"벤살렘의 아들(혹은 딸)이여, 그대의 아버지가 다음과 같이 말하노라. 그대에게 호흡과 생명을 부여한 아버지의 말이니라. 영원하신 성부의 축복과 평화의 왕자의 축복, 신령한 비둘기의 축복이 그대에게 임하기를 바라노라. 더불어 이승에서의 순례길이 행복하게 오랫동안 이어지기를."

그는 이 축복의 말을 모든 자손들에게 전한다. 이러한 의식이 끝나면 그는 각별히 훌륭한 남자 자손을 불러서—이때 두 명 이상이어서는 안 된다—어깨에 손을 얹고 다음과 같이 말한다.

"아들이여, 그대가 세상에 태어난 것이 참으로 복되도다. 하나님을 찬미하는 가운데 마지막날까지 훌륭하게 살지어다."

그러고 나서 그는 밀 알맹이처럼 생긴 보석을 선사한다. 이 자손은 늘 이 보석을 터번에 달고 다녀야 한다. 이러한 절차가 끝남과 동시에 음악이 울려퍼지고 춤이 시작되며, 밤늦게까지 다양한 여흥이 이어진다. 이것이 축제의 모든 순서이며 절차이다.

엿새나 이레쯤 지났을 때 나는 한 상인과 교분을 맺게 되었다. 조아빈이라는 이름의 이 상인은 할례를 받은 유태인이었다. 이 국가에는 약간의 유태인이 있는데, 이들은 종교의 간섭을 받지 않았다. 이들은 세계 도처에 퍼져 있는 유태인과는 기질이 매우 다른 사람들이어서 국가가 간섭하지 않는 게 당연했다. 다른 나라의 유태인들은 예수의 이름을 입에 올리기 싫어하는 데다가 자신들이 살고 있는 나라의 사람들을 증오한다. 그렇지만 이 왕국의 유태인들은 딴판이었다. 구세주 예수님을 믿고 섬길 뿐만 아니라 벤살렘이라는 나라도 끔찍하게 사랑하는 것이었다. 내가 사귄 유태인 상인은 예수가 동정녀 마리아에게서 탄생했다는 사실이며, 그가 하나님의 아들이라는 사실을 기꺼이 인정했다. 또 하나님이 자신의 왕좌를 지키는 천사들을 지배할 권한을 예수에게 주었다는 사실에 대해서 말하기 좋아했으며, 은하수니 메시아의 엘리야니 하는 다양한 호칭으로 예수를 명명하였다. 비록 예수가 전지전능한 하나님과 동등하다고 생각하지는 않지만 그는 유럽의 여느 유태인과는 확실히 다른 사람이었다.

그는 벤살렘 왕국에 대해 끊임없이 이야기하고 싶어했다. 그것은 벤살렘 사람들이 아브라함의 아들 중 하나, 즉 나코란이라 불리는 아들에서 이어 내려온 종족이라고 간주하며, 모세가 유태교 신비철학에 기초해서 벤살렘 법을 제정했다고 믿기 때문이었다. 그리고 메시아가 재림하여 예루살렘에서 옥좌에 앉을 때, 다른 나라의 왕들은 멀리 물러나 있어야 하지만 벤살렘의 왕은 예수의 가까이 앉는 특권을 누린다고 믿고 있었다. 이러한 유태인 특유의 생각들은 접어두더라도, 이 상인은 학식이 많은 데다가 현명하며 빈틈이 없고, 왕국의 법과 관습에 조예가 깊은 사람이었다.

언젠가 그와 함께 이야기를 나누면서 가족 축제가 화제에 올랐다. 이 축제에 대해 내가 얼마나 깊은 감화를 받았는지, 또 이것이 얼마나 자연의 섭리와 일치하는지 나의 감상을 구구절절 토로했다. 그러면서 결혼에 관한 법이나 풍습에 관해서도 알고 싶다고 했다. 결혼제도가 얼마나 완벽하게 지켜지고 있는지, 또 일부일처제가 시행되고 있는지의 여부가 궁금했던 것이다. 세상에는 일부다처제인 나라도 드물지 않게 있기 때문이었다.

이 질문에 대해 그가 대답했다.

"가족 축제라는 뛰어난 제도에 대해 칭찬하는 것을 보니 당신은 참으로 현명한 분이군요. 축제에 참가해서 축복을 받은 사람들은 이후로 더욱 번창하고 행복해졌다고 합니다. 모두들 그 점을 증언하고 있습니다. 이제 결혼제도에 대해서 말씀드리지요. 하늘 아래 이 벤살렘 왕국보다 더 악에 물들지 않으며 한 점 티끌 없이 순결한 나라는 없다는 사실을 곧 깨달을 것입니다. 세계에서 가장 순수무구한 나라가 벤살렘입니다.

유럽 사람들이 쓴 책 가운데, 유럽인의 성 윤리의 정체를 보고 싶어했던 한 수도승의 이야기가 떠오릅니다. 그의 눈앞에 작고 추악한 이디오피아 사람이 나타났다고 하더군요. 만약 그 수도승이 우리 벤살렘의 성 윤리의 모습을 보고 싶어했다면, 그의 앞에 분명 순결하고 아름다운 천사가 나타났을 것입니다. 이 지상에서 벤살렘 사람들의 순결한 마음보다 더욱 아름답고 훌륭한 마음을 가진 사람은 없습니다. 여기에는 매춘굴이나 술집, 창녀들이 일절 없습니다. 약간이나마 비슷한 것들도 없습니다. 이 나라 사람들은 매춘이 공공연히 허용되는 유럽을 도저히 이해하지 못할 뿐만 아니라 혐오스럽게 바라봅니다. 유럽의 결혼제도가 잘못되었다고 생각하는 것이지요. 불법적인 육욕의 예방책이 바로 결혼이 아니겠습니까? 자연스러운 육욕은 결혼으로 이어지게 마련입니다. 그렇지만 인간의 사악한 욕망을 충족시킬 수 있는 보다 수월한 방법이 있으면 결혼은 타기시 될 수밖에 없겠지요.[16] 그래서 유럽에는 수많은 사람들이 결혼하지 않고 독신으로 지내면서 방탕한 생활을 하고 있습니다. 결혼이란 멍에에 묶이지 않고서 욕망을 실컷 채우겠다는 속셈이지요. 결혼을 해도 아주 늦게, 청춘의 힘과 패기가 시들어버린 다음에야 결혼을 합니다. 이들에게 결혼이란 한갓 거래에 불과합니다. 결혼을 통해서 자손에 대한 약간의 욕심을 채우거나, 인척 관계를 맺거나 명예를 얻고 싶어하는 것이지요.

그러니 결혼의 원래 목적에서 크게 벗어난 셈입니다. 더욱이 청춘의 힘을 추악하게 소모해버린 사람들이 순결한 사람처럼 자신의 아이들을 소중히 여길 수는 없겠지요. 결혼생활 동안에도 이들의 악덕은 여전히 사라지지 않습니다. 오히려 결혼의 정신을 모독하는 방향으로 나아가기 십상입니다. 결혼한 사람이 음란한 곳에 출입하거나 창녀와 관계를 맺어도 독신자와 마찬가지로 처벌을 받지 않기 때문입니다. 성적 기분 전환이라는 저급한 풍속과 창녀들과의 관계에서 오는 쾌감(여기에선 죄악이 예술로 바뀝니다)에 젖어지내다 보면, 결혼

---

16) 이 대목에서 당시 성관계와 결혼의 함수관계를 어느 정도 집어낼 수 있다. 토머스 모어의 《유토피아》에도 이와 비슷한 논지가 전개된다. "만일 결혼 이외의 성관계를 엄하게 막지 않는다면 결혼(여기서 결혼이란 동일한 사람과 일생을 보내며 결혼생활에 따르는 온갖 불편을 참아내는 것을 말합니다)을 원하는 사람은 아무도 없을 것이기 때문입니다(원창엽 옮김, 홍신사상신서 47권, 137쪽)."

이란 세금처럼 아주 따분하고 골치 아픈 것이 되고 맙니다. 그러면서 그들은 더욱 큰 악을 피하기 위해서는 어쩔 수 없다고 변명하기에 급급합니다. 손님을 구하기 위해 자신의 딸을 내놓았던 롯[17]의 상황과 비슷하다고 주절대면서 말이지요. 이 얼마나 불합리한 변명입니까. 득보다 실이 훨씬 많습니다. 동일한 악과 육욕이 사라질 줄 모르고 더욱 기승을 부리는 것입니다. 불법적 정욕은 마치 화덕과 같아서, 장작을 집어넣지 않으면 조만간 불길이 멈추지만, 장작을 넣으면 계속해서 훨훨 타오르게 마련입니다.

이 벤살렘 왕국에는 남색자들이 없습니다. 그렇지만 남자들끼리의 변치 않는 두터운 우정은 세계의 어디에서도 그 유례를 찾을 수가 없습니다. 다시 말하지만, 벤살렘 사람들보다 더욱 순결한 백성이 있다는 말은 어느 책에서도 읽어본 적이 없습니다. 이들은 다음과 같은 말을 격언처럼 하곤 합니다. '순결하지 못한 사람은 자기 자신마저도 존경할 수 없

---

17) 구약성경의 〈창세기〉 19장에 소돔 성의 롯 이야기가 나온다. 길손으로 가장한 두 천사를 롯은 자기 집에 초대하여 대접하는데, 남색자인 소돔 사람들이 두 길손을 내놓으라고 협박하며 그의 집을 포위한다. 타협안으로 롯은 대신 두 딸을 내놓겠다고 제안하지만 소돔 사람들이 그의 제안을 받아들이지 않았다 - 옮긴이 주.

다 , 혹은 '모든 악을 제어하기 위해서는 종교 다음으로 자기 자신의 존중심이 가장 중요하다'고 말입니다."

이 말을 끝으로 유태인 상인은 잠시 입을 다물었다. 그의 이야기를 더 듣고 싶었지만, 계속 듣고만 있는 것도 예의가 아니라는 생각이 들어 내가 입을 열었다.

"사르밧의 과부[18]가 엘리야에게 했던 말을 당신에게 전하고 싶군요. 우리의 죄를 생각나게 하려고 엘리야가 왔다는 말을. 아무래도 벤살렘 사람들이 유럽 사람들보다 훨씬 의롭다고 결론을 내릴 수밖에 없습니다."

이 말에 그가 가볍게 머리를 숙이더니 말을 계속 이어나갔다.

"우리는 결혼에 관해 지혜롭고 훌륭한 법률을 많이 가지고 있습니다. 일부다처제는 허용하지 않습니다. 남녀가 처음 만

---

18) 구약성경의 〈열왕기상〉에 엘리야 선지자와 사르밧 과부에 관한 이야기가 나온다. 사르밧이란 지중해 연안에 위치한 마을인데, 당시 심각한 흉년이 그 지역을 휩쓸었다. 엘리야가 과부를 방문했을 때, 그녀는 먹고 죽을 마지막 식사를 준비하고 있었다. 그러나 하나님의 기적의 손길이 임하자 아무리 먹어도 음식 항아리는 비지 않는다. 그런데 며칠 뒤에 과부의 외아들이 갑자기 병에 걸려서 생명을 잃는다. 본문의 말은 과부가 엘리야를 원망하며 한 말이다. "무엇 때문에 나를 괴롭히십니까? 하나님의 사람이여! 내게로 와서 나의 죄를 기억케 하고 나의 아들을 죽게 하였으니." 나중에 엘리야의 도움으로 죽었던 과부의 아들이 다시 살아난다.

난 뒤, 한 달이 지나기 전에는 결혼이나 약혼이 성립되지 않습니다. 또 부모의 동의가 없다고 해서 결혼이 무효화되지는 않지만 이들은 부모의 재산 상속권을 상당 부분 잃습니다. 이들에게는 부모의 재산 가운데 1/3 이상을 상속하지 못하도록 법으로 명시하고 있습니다."

이렇게 우리가 담소하고 있을 때 심부름꾼인 듯한 사람이 뛰어 들어왔다. 그는 화려한 옷을 입고 있었는데, 유태인 상인에게 뭐라고 말을 건넸다. 그의 말을 들은 상인이 나에게 말했다.

"저는 급한 볼일이 있어서 가봐야 하겠습니다. 죄송합니다."

다음날 아침 그가 다시 나를 찾아왔다. 여느 때와 마찬가지로 만면에 웃음을 짓고 있었다.

"솔로몬 학술원의 회원이 왕림한다고 합니다. 시장이 그렇게 말했습니다. 우리는 오랫동안 학술원 회원의 행차를 보지 못했습니다. 그들의 행차는 대단한 구경거리지요. 그렇지만 행차하는 이유는 비밀에 붙여집니다. 당신과 당신네 일행이 행차의 장관을 잘 지켜볼 수 있도록 좋은 장소를 물색해놓겠습니다."

나는 그에게 감사의 말을 전했다. 그 소식에 나의 마음도 부풀어올랐다.

드디어 솔로몬 학술원 회원이 행차하는 날이 되었다. 그는 중키에 중년의 의젓한 남자로, 백성들을 측은히 여기고 동정하는 듯한 태도가 몸에서 절로 배어나왔다. 그는 소매가 넓고 어깨 망토가 있는 검은 웃옷을 입고 있었다. 그리고 발목까지 내려오는 흰 리넨 속옷에는 같은 재료의 띠로 둘러져 있었으며 목둘레에도 그러한 띠가 둘러 있었다. 그는 보석이 박힌 진귀한 장갑을 끼고 있었으며 신발은 복숭앗빛 우단이었다. 목과 어깨에는 아무것도 걸치지 않았으며 머리에는 헬멧과 비슷한 모자를 쓰고 있었다. 모자 밑으로는 갈색 머리카락이 부드럽게 물결치고, 둥글게 자란 턱수염은 옅은 갈색이었다. 푸른 우단으로 장식한 두 필의 말이 그의 화려한 전차를 끌고 있었다. 그 옆으로는 말에게 입힌 옷과 비슷한 차림의 하인 두 명이 걷고 있었다. 금박이 입혀진 삼목의 전차는 크리스털로 장식되어 있는데, 다만 전차의 상단과 하단은 각각 금테두리가 둘러진 사파이어 판벽과 에메랄드 판벽이었다. 황금의 태양이 빛나는 전차의 꼭대기 앞 부분에는 날개를 펼친 황금의 천사가 서 있었다. 전차는 파란 바탕에 황금 수가 놓인 천으로 덮여 있었다. 솔로몬 학술원 회원의 앞으로는 쉰 명의 젊은 남자 시종들이 행진하고 있었다. 이들은 무릎까지 내려오는 하얀 옷에 하얀색 명주 긴 양말과 파란 우단 신발을 신었으며, 여러 색깔의 깃털 장식이 달린 파란 우단 모자를 쓰고 있었다. 전차의 앞으로는 발까지 내려오는 리넨 의상에 파란 우단 신발을 신은 두 남자가 맨머리로 행진하고 있었는데, 한 명은 손에 권장(權杖)을 다른 한 명은 목동의 지팡이를 들고 있었다. 권장의 재료는 서양박하나무고 지팡이의 재료는 삼목이었다. 전차의 앞이든 뒤든 기마병은 없었다. 아마도 번잡스러움을 피하기 위해서인 듯싶었다. 이 도시의 주요한 관리와 중요 인사들이 모두 전차의 뒤를 따르고 있었는데, 학술원 회원은 화려한 파란색 플러시 천 방석 위에 혼자 앉아 있었다. 그의 발밑으로는 페르시아산 양탄자보다 더욱 다채롭고 진귀한 비단 양탄자가 깔려 있었다. 행진하면서 그는 마치 축복이라도 하는 듯이 백성들에게 조용히 손을 들어주었다. 길가에 늘어선 사람들은 정연한 모습을 보여주었다. 전투를 앞두고 포진한 군인들도 그들보다 더욱 질서정연한 대열을 갖출 수는 없을 정도였다. 마찬가지로 진열창에서 행진을 지켜보는 사람들도 정돈된 모습이었다. 행진이 지나간 후에 유태인 상인이 나에게 말을 건넸다.

"당신과 계속 함께 있을 수가 없군요. 학술원 회원님을 접대하는 데 제가 해야 할 일이 있기 때문입니다."

사흘 뒤에 다시 나타난 유태인 상인이 말했다.

"당신은 행운아입니다. 솔로몬 학술원 회원님이 당신네들이 여기에 머문다는 소식을 듣고는 당신네들 모두를 초대하고 싶어합니다. 더욱이 당신들 중 한 명과 독대하고 싶어합니다. 모레로 날짜가 잡혀 있습니다. 오전에는 당신들을 축복하는 시간을 갖겠다고 합니다."

약속된 날에 우리는 학술원 회원을 만나러 갔는데, 그와 독대하는 적임자로 내가 선발되었다. 우리는 화려하게 장식되고 양탄자가 깔린 근사한 방에서 그를 만났다. 상석을 표시하는 계단식 단은 설치되어 있지 않았다. 그는 높지 않은 화려한 옥좌에 앉아 있었는데, 파란 우단으로 장식한 그의 머리 위로는 닫집을 덮는 화사한 천이 늘어져 있었다. 그의 양옆에서 시동 두 명이 시중을 들고 있었다. 시동 한 명은 하얀색의 근사한 의복을 입고 있었는데, 그의 속옷은 우리가 전차 행렬 때 보았던 시종들의 속옷과 흡사했다. 그렇지만 긴 웃옷 대신에, 케이프가 달린 흑색의 고운 망토를 입고 있었다. 우리는 방에 들어서면서 벤살렘의 관습에 따라 고개를 숙여 인사했다. 우리가 옥좌로 다가서자 그가 일어나더니 장갑을 착용하지 않은 맨손을 앞으로 내밀었다. 우리를 축복하는 자세였다. 우리는 한결같이 엎드려 그의 어깨걸이에 입을 맞추었다. 그러고 나서 나만 남겨놓고 일행은 자리를 떠났다. 솔로몬 학술원 회원은 시동을 방에서 나가도록 명령하고는 나를 불러 그의 옆에 앉혔다. 그리고 스페인어로 말하기 시작했다.

"하나님이 그대를 축복하기를! 나의 아들이여.[19] 그대에게 내가 가진 가장 귀중한 보물을 선사할까 합니다. 하나님을 공경하고 인류를 사랑하는 사람으로서 나는 그대에게 솔로몬 학술원에 대해서 상세하게 이야기를 해줄 생각이기 때문입니다. 아들이여, 솔로몬 학술원의 참모습을 제시하기 위해 다음과 같은 순서로 이야기를 풀어나가겠습니다. 첫째로 솔

---

19) 가족 축제에서 짐작할 수 있듯이 이 벤살렘 왕국은 가부장적 사회이다. 그래서 왕국의 정신적 지도자인 솔로몬 학술원 회원은 모든 백성의 '아버지'로 불린다. 당연히 백성들은 그의 '아들'인 셈이다. 마찬가지로 토머스 모어의 《유토피아》에서도 공무원은 '아버지'로 불린다.

로몬 학술원의 설립 목적을 설명하고, 둘째로 이 설립 목적을 실현하기 위한 준비 절차와 조직 내용을, 세 번째로 우리 회원들이 맡은 여러 임무와 작업을, 그리고 마지막으로는 우리가 관장하는 조례와 의식을 소개하겠습니다.

우리 학술원의 목적은 사물의 숨겨진 원인과 작용을 탐구하는 데 있습니다. 그럼으로써 인간활동의 영역을 넓히며 인간의 목적에 맞게 사물을 변화시키는 것입니다.[20]

그러한 목적을 실현하기 위한 준비 절차와 도구는 다음과 같습니다. 우리는 거대한 규모의 깊은 동굴을 여러 개 가지고 있습니다. 그 중에서 가장 깊은 동굴은 깊이가 1킬로미터도 넘습니다. 언덕이나 산을 파서 동굴을 만들기도 했습니다. 산의 깊이와 동굴의 깊이를 더하면 깊이가 5킬로미터에 이를 정도입니다.[21] 지상의 표면에서 보면 산의 깊이나 동굴의 깊이나 매한가지이지요. 둘 다 태양의 햇살이나 대기로부

---

20) 여기에 제시된 학술원의 설립 목적은 베이컨의 전체 철학 체계의 기본 바탕이기도 하다.
21) 역설적으로 들리겠지만, 베이컨은 산의 높이를 산의 깊이로 표현하고 있다. 예를 들어, 1킬로미터 높이의 산은 1킬로미터 깊이의 산인 셈이다. 산의 정상 봉우리에서 수직으로 밑으로 내려간 거리를 베이컨은 염두에 두고서 계산한 결과이다. 봉우리에서 1킬로미터 깊이에 지면이 있는 것이다.

터 똑같이 멀리 떨어져 있으니까요. 우리는 이들 동굴을 하부세계라고 부릅니다. 사물을 응고하거나 경화, 냉동시키며 다양하게 보존하는 데 이 동굴이 사용됩니다. 우리는 천연광산을 본떠서 동굴을 만들었습니다. 여기서 다양한 재료를 혼합해서 새로운 인조 금속과 물질을 만들며 그곳에 오랫동안 보관하기도 합니다. 이상하게 들릴지 모르지만 이 물질을 가지고 우리는 병을 치유하며 생명을 연장하기도 합니다. 필요한 물자를 풍족하게 갖추고서 지하세계에서 사는 사람들은 실제로 매우 오래 삽니다. 이들로부터 우리는 많은 지식을 얻기도 하지요.[22]

중국인들이 도자기를 만들듯이 우리는 지구의 곳곳에 여러 종류의 시멘트를 넣고 봉분을 만듭니다. 중국 도자기보다 훨씬 종류가 다양하며 정련된 것들입니다. 또한 우리는 땅을 더욱 비옥하게 만들기 위해 다양한 배양토를 생산하기도 합니다.

---

[22] 여기에 언급된 바와 같이 베이컨은 냉동이 물질 보관에 미치는 영향에도 관심이 많았다. 그는 차가운 눈이 닭고기 보존에 얼마나 도움이 되는지를 연구하기 위해 노년의 나이에도 불구하고 밖에 나가서 눈을 채집하다가 독감에 걸려 1626년에 사망했다. 그래서 '실험과학의 첫번째 순교자'라고 불리기도 한다.

우리는 높은 탑을 세웠습니다. 가장 높은 탑은 높이가 800미터에 이릅니다. 산자락에 있는 동굴의 깊이가 더욱 깊어지듯이 산 위에 세워진 탑의 높이도 그러합니다. 적어도 높이가 6킬로미터가 넘습니다. 이러한 장소를 우리는 상부세계라고 부르지요. 반면 상부세계와 하부세계의 중간영역은 중간세계라고 부릅니다. 아무튼 이러한 높은 탑을 이용해서 우리는 사물을 태양광선에 노출시키거나 냉동시키며 보존하는 법을 배웁니다. 또 거기서 유성의 운행과 바람·비·눈·우박, 심지어 별똥까지도 면밀하게 관찰합니다. 물론 이 상부세계에 거주하는 사람들도 있습니다. 우리가 때로 이들을 방문해서 관찰할 사항에 대해 지시를 내립니다.

  우리는 거대한 호수도 가지고 있습니다. 담수호도 있고 해수호도 있습니다. 어류나 조류를 위해 이들 호수를 이용하는데, 동물을 매장하기 위한 용도로도 사용합니다. 땅에 묻힌 동물, 지하의 항아리에 밀폐된 동물, 수장된 동물 사이에는 많은 차이가 있습니다. 우리에겐 연못도 있습니다. 연못에서 우리는 해수를 담수로 전환하고, 반대로 담수를 해수로 만들기도 합니다. 또한 우리는 바다 한가운데에 바위를 보관하기도 하며, 바닷바람이나 소금기가 필요한 작업들을 위해 해안에 만을 만들기도 합니다.

우리에게는 천연의 우물이나 분수를 모방해서 만든 인공 우물이나 분수도 있습니다. 황산이나 황·강철·청동·납·초석을 비롯한 기타 광물질이 섞인 온천도 있습니다. 많은 물질들을 주입해서 실험하기 위한 자그마한 우물도 있습니다. 여기에 물질을 넣으면 그릇에 담긴 것에 비해서 물의 반응속도가 훨씬 빨라집니다. 이러한 실험 결과, 우리는 천국의 물이라고 불리는 물을 만들어냈습니다. 이 물을 마시면 건강이 증진되고 생명이 연장됩니다.

우리는 유성의 체계를 모방하고 그것의 운동을 보여주는 거대한 건물도 만들었습니다. 여기에서 눈과 우박, 비를 인공적으로 내리게 할 수 있으며, 천둥이 일고 번개가 치도록 만들 수 있습니다. 또 개구리나 파리와 같은 다양한 생물체를 공기중에서 번식시킬 수도 있습니다.

우리에게는 건강의 방이라 불리는 특수한 방이 있습니다. 건강에 좋은 공기로 채워져 있기 때문에 질병의 치유와 건강 유지에 도움이 됩니다.

여러 광물질이 섞인 거대한 온천도 있습니다. 이 온천은 질병을 치유하고 피부의 건조를 예방해주며 근육과 신체의 주요 부위를 강건하게 하고, 혈액 순환을 원활하게 만들어줍니다.

넓은 과수원과 공원도 다양하게 조성해놓았습니다. 경관의 아름다움을 감상할 목적이 아니라 다양한 나무와 약초의 성장에 적합한 토양을 연구할 목적에서 조성한 것입니다. 포도원뿐 아니라 나무와 딸기류를 심어놓은 과수원에서도 우리는 다양한 과즙과 음료수를 만들어냅니다. 또 과수원과 공원에서 우리는 과실수를 비롯한 각종 야생의 나무들을 접목해서 새로운 종류의 수목이나 새로운 결과를 얻어내기도 합니다. 실험이 성공을 거두어서 나무나 꽃이 제철보다 이르게 열매를 맺으며 개화하기도 합니다. 더불어 천연의 과실수에 비해 더욱 과실이 풍성하며 크고 맛도 좋습니다. 향기나 색깔, 모양도 천연산보다 훨씬 멋지고 훌륭하지요. 또 의학적 목적으로 이들 과실을 사용하기도 합니다.

우리는 씨앗 없이 배양토의 혼합만으로 다양한 식물을 성장시키는 방법을 알고 있습니다. 마찬가지로 자연산 식물에서 새로운 식물의 종을 개발하기도 하며, 한 종류의 식물을 다른 종류의 식물로 성장하도록 조작하기도 합니다.

온갖 종류의 짐승과 새들이 있는 공원도 있습니다. 희귀한 동물을 보고자 하는 목적도 있지만, 이들을 해부하고 실험해서 인간 육체의 비밀을 밝히는 도구로 사용하는 데 더욱 큰 목적이 있습니다. 실험을 통해서 우리는 귀중한 결과를 얻었습니다. 동물의 중요 부위가 어떻게 생명을 유지하고 죽음에 이르는지에 대해 많은 지식을 얻었습니다. 이를테면 언뜻 보기에 죽어 있는 듯한 부분을 재생하는 방법도 우리는 알고 있습니다. 이들 동물들에게 실험적으로 독약이나 약을 투여하며 해부를 하기도 합니다. 그 결과 우리는 동물을 원래보다 크게 만들거나 작게 만들 뿐만 아니라 성장을 멈추게 하는 방법도 터득했습니다. 천연의 종보다 더욱 왕성하게 번식하도록 만들 수도, 아니면 아예 번식하지 못하도록 불임으로 만들어놓을 수도 있습니다. 물론 동물의 피부색이나 모양, 활동양식을 자유자재로 바꾸어놓을 수도 있습니다. 서로 다른 종의 동물들을 교배하여 새로운 종의 동물을 얻기도 합니다. 이들 새로운 종은 계속해서 번식할 수 있습니다. 이런 방법으로 우리는 새로운 종류의 뱀이나 벌레·파리·물고기 등을 만들었습니다. 어떤 종류는 완벽한 동물로까지 발달을 서둡했으며, 암수의 구별이 있고 번식까지 합니다. 이러한 결과는 요행의 산물이 아닙니다. 어떤 종의 동물을 교배시키면 어떠한 종이 나타나는지 미리 알고서 실험한 결과이니까요.

짐승이나 새를 가지고 실험하듯이 연못에서는 다양한 물고기의 실험도 행해집니다.

누에나 벌과 같이 특별히 이용 가치가 높은 곤충의 종을 부화하기 위한 특별한 장소도 마련되어 있습니다.

다양한 음료수나 빵, 고기를 특별하게 제조하는 양조장이나 제과점, 부엌에 대해서 장황하게 설명하지는 않겠습니다. 포도에서 포도주를 만들듯이 우리는 다양한 종류의 과즙이나 곡물, 약초의 뿌리에서 다양한 음료수를 만들어냅니다. 꿀과 설탕, 만나 꿀, 마른 과일이나, 끓여서 우려낸 과즙을 섞어서 진귀한 음료수를 제조하기도 하지요. 나무의 진액이나 사탕수수의 과육으로도 음료수를 만듭니다. 이들 음료수는 오랫동안 보존되는데, 어떤 종류는 사십 년 동안 저장할 수도 있습니다. 또 우리는 여러 약초와 뿌리, 향료를 섞어서 끓인 즙을 마십니다. 여러 동물의 살이나 흰 살코기를 재료로 사용하기도 하는데, 어떤 음료는 오랫동안 보관한 나머지 고기의 흔적이 거의 남아 있지 않을 지경입니다. 무엇보다 우리는 농도가 옅은 음료수를 마시고 싶어합니다. 육체를 자극하지 않고 가볍게 섭취할 수 있으면서 쉽게 소화시킬 수 있는 것 말입니다. 가령 어떤 음료는 손등에 떨어뜨리면 잠시 후에 감쪽같이 손등으로 스며듭니다. 입에서도 아주 부드러운 맛을 냅니다. 이런 식으로 만들어낸 물의 종류도 있습니다. 영양가가 높은 데다가 맛이 뛰어나기 때문에 아예 다른 물은 입에 대지도 않는 사람이 있을 정도입니다. 빵에 대해서 말하자면, 우리는 여러 종류의 곡물이나 식물의 뿌리, 낟알로 빵을 만드는데 여러 종류의 효모나 조미료로 맛을 냅니다. 말린 육류나 생선류는 식욕을 돋구어줄 뿐 아니라 영양도 뛰어납니다. 다른 종류의 고기는 마다하고 이런 고기만 섭취하면서 장수하는 사람들도 있습니다. 우리는 고기를 매우 잘게 다져서 부드럽게 만들기도 합니다. 이렇게 다진 고기는 조금만 열을 가해도 위에 들어가면 금방 유미(乳糜: 소장(小腸) 내에서 만들어지는 유화(乳化) 지방 따위를 함유하는 유상(乳狀) 액체)로 바뀝니다. 마치 강한 열이 다지지 않은 고기를 소화시키듯이 말입니다. 한 번 먹고 나면 그 다음에 오랫동안 먹지 않아도 살 수 있는 고기나 빵, 음료수도 개발했습니다. 또 먹으면 육체가 보다 단단해지고 힘이 솟아나는 식료품도 가지고 있습니다.

우리에게는 약국이 있습니다. 그대도 쉽게 짐작할 수 있겠지만, 유럽에 비해 우리 왕국에는 무궁무진하게 많은 동식물이 있는지라, 당연히 약초나 약의 재료, 약의 종류도 훨씬 다양하겠지요. 우리에게는 오랜 발효 과정을 거친 약과 오래 묵은 약의 종류가 많습니다. 그러한 약을 만들기 위해서, 정교하게 증류하고 분류하는 온갖 방법들을 사용합니다. 특히 부드럽게 열을 가하거나 여과기로 걸러내는 방법을 선호하지요. 여러 원료를 혼합해서 약품을 만들기도 하는데 그 공정이 얼마나 정밀한지 천연 약초처럼 보일 지경입니다.

우리는 유럽 사람들이 갖지 못한 여러 기계들을 소유하고 있습니다. 이런 기계로 종이나 리넨, 비단, 직물, 화사한 광택의 정교한 깃털 제품, 고질의 염료 등 수많은 제품을 생산합니다. 상점도 다양하지요. 일반 생활용품을 취급하는 상점이 있는가 하면, 특수용품만 취급하는 상점도 있습니다. 앞에서 열거한 품목들 가운데 대부분이 현재 활발하게 사용되고 있습니다. 이들 제품을 우리 스스로 발명한지라 우리는 제품의 원형을 가지고 있으며 제조 원리도 알고 있습니다.

수많은 용광로도 우리는 가지고 있습니다. 강한 불길과 뜨거운 화력, 지속적으로 일정한 온도의 열, 높거나 낮은 열, 송풍해서 생기는 열, 송풍하지 않고 생기는 열, 습하거나 건조한 열 등 우리는 다양한 종류의 열을 발생시킬 수 있습니다. 무엇보다 우리에게는 태양과 천체를 모방한 발열 장치가 갖추어져 있습니다. 온갖 물체를 데울 뿐만 아니라 이 열은 앞으로 나아가기도 하고 되돌아오기도 합니다. 그래서 원하는 대로 다양한 효과를 거둘 수가 있지요. 또 분비물의 열, 살아 있는 동물의 위에서 나오는 열, 혈액의 열, 육체의 열, 쌓여서 썩어가는 건초나 풀의 열, 비등하는 석회의 열 등도 우리는 연구하여 활용합니다. 운동의 양으로 열을 발생시키는 기구도 있습니다. 강한 태양열을 받아내는 시설도 있으며, 지하에는 인공적으로 열을 발생하도록 만들어놓은 시설도 있습니다. 우리가 진행하는 연구의 성격에 따라서 이들 다양한 열이 활용되기 때문입니다.

또 우리에게는 모든 종류의 빛과 색채를 실험하고 설명할 수 있는 연구실이 있습니다. 색깔이 없는 투명한 물체에서 여러 가지 색깔을 만들어낼 수 있습니다. 보석이나 프리즘에서 나오는 무지개가 아닌, 개별적인 색상들을 여기서 얻어낼 수 있습니다. 빛을 먼 거리로 날려보낼 수도 있습니다. 그래서 먼 거리에 있는 작은 점이나 선까지 볼 수 있습니다. 빛의 온갖 색깔도 만들 수 있으며, 사물의 크기나 부피 · 움직임 ·

색상을 왜곡되게 조작할 수도 있습니다. 우리는 갖가지 종류의 그림자도 만듭니다. 당신네들이 감히 상상하지도 못했던 다양한 방법으로 우리는 온갖 물체로부터 빛을 생성하기도 합니다. 또 하늘에 있는 별처럼 먼 거리에 있는 물체를 볼 수 있는 기구도 갖추고 있습니다. 가까이 있는 물체가 먼 거리에 있는 듯이, 반대로 먼 거리에 있는 물체가 가까운 거리에 있는 듯이 거리도 마음대로 조작할 수 있습니다. 또 현재 사용하는 안경보다 훨씬 성능이 좋은 안경도 있으며, 아주 미세한 물체마저 선명하게 볼 수 있는 현미경도 있습니다. 현미경을 사용하지 않으면 볼 수 없는 자그마한 곤충이나 곡물, 보석의 흠집, 심지어 오줌이나 피에 들어 있는 세포 같은 것도 우리는 정밀하게 관찰할 수 있지요. 또 우리는 인공 무지개나 원광을 만들기도 합니다. 물체에서 나오는 가시광선을 반사하거나 굴절·중첩시키는 다양한 방법도 알고 있습니다.

유럽 사람들이 알지 못하는 온갖 아름다운 보물들이 우리에게 있습니다. 다양한 크리스털이나 유리의 종류도 그러하지요. 우리는 유럽 사람들이 생각지 못하는 재료로부터 유리를 만들어냅니다. 금속으로 유리를 만들기도 하지요. 당신네들이 보지 못한 화석이나 광물도 있습니다. 흡인력이 강한 천연 자석을 비롯해서 희귀한 천연, 혹은 인공의 광물들도 많습니다.

우리에게는 온갖 소리와 소리의 발생 과정을 보여주는 음향 연구실도 있습니다. 유럽 사람들이 상상하지 못하는 화음이나 1/4음, 정교한 포르타멘토 등도 우리는 알고 있습니다. 마찬가지로 유럽 사람들에게는 알려지지 않은 다양한 악기는 유럽의 여느 악기보다 훨씬 감미로운 소리를 냅니다. 고상하며 감미로운 소리를 내는 종과 고리들도 있습니다. 작은 소리를 크고 깊은 소리로 들리게 할 수도, 반대로 큰 소리를 약화시킬 수도 있으며, 소리를 떨리게 만들 수도 있습니다. 짐승이나 새의 소리를 비롯해서 모든 분절된 소리나 문자를 모방해서 재현할 수도 있습니다. 청력을 돕기 위한 보조장치도 가지고 있습니다. 주어진 소리를 여러 번 울려서 인공적인 메아리를 교묘하게 만들어낼 수도 있습니다. 원래의 소리보다 메아리 소리가 더욱 크거나 더욱 높게, 아니면 훨씬 깊은 소리를 낼 수 있도록 만들 수도 있습니다. 그리고 들려온 소리와 분절, 문자가 전혀 다른 소리를 만들어 내보낼 수도 있습니다. 또 관을 통해서 소리를 먼 곳으로 전달할 수도 있습니다.

향기를 연구하는 향기 연구실도 있습니다. 전혀 맡아본 적이 없는 냄새를 만들기도 합니다. 자연의 향기를 모방해서 인공적인 향기를 만드는 셈이지요. 맛을 교묘하게 조작해서 맛보는 사람의 미각을 혼란스럽게 만들 수도 있습니다. 여기에는 당과를 만드는 곳도 있습니다. 딱딱하거나 부드러운 사탕을 비롯해서 각종각색의 포도주·우유·수프·샐러드 등을 생산합니다.

우리는 엔진시설도 갖추고 있는데, 엔진을 비롯해서 온갖 종류의 동력장치가 여기에 있습니다. 유럽에서 사용하는 소총이나 엔진보다 훨씬 속도가 빠른 기구들을 다량으로 제작합니다. 또 바퀴나 기타 다른 수단을 이용하기 때문에 조금만 힘을 가해도 작동합니다. 유럽에서 가장 성능이 좋은 대포보다 훨씬 탄도가 길고 파괴력이 뛰어난 대포를 우리는 만듭니다. 전쟁용 화기나 군수물자도 많이 소유하고 있지요. 새로운 종류의 다양한 화약이 개발되면서 물위에 떨어져도 꺼지지 않고 계속해서 불타는 소이제(燒夷劑:배에 불을 지를 때 쓰는 화약)도 생산했습니다. 재미로 쏘아 올리거나 행사용으로 사용하는 폭죽의 종류와 숫자도 이루 헤아릴 수 없을 지경입니다. 날아다니는 새를 모방해서 어느 정도 하늘을 날 수 있는 기구도 발명했습니다. 물밑이나 바닷속으로 잠수할 수 있는 배나 수영 보조도구도 개발했습니다. 또 여러 종류의 진귀한 시계, 왕복 운동 기관, 영구 기관도 제작했습니다. 인간이나 짐승·새·물고기·파충류와 같이 살아 있는 동물의 운동을 모방해서 섬세하고 교묘한 운동 기관들을 제작하기도 했습니다.

수학 연구실도 있습니다. 기하와 천문학의 연구에 소용되는 정교한 기구들이 여기에 있습니다.

감각을 현혹하는 설비가 갖추어진 연구실도 있습니다. 요술·허깨비·속임수·환각 등의 현상을 가능하게 하는 설비가 여기에 있습니다. 당신네 유럽인들이 진정한 찬사와 감탄을 자아낼 만큼 발달된 시설을 갖추고 있습니다. 그래서 마음만 먹으면 이러한 시설을 이용해 당신네들의 감각을 현혹시키고 속여서 더욱 놀라게 만들 수도 있습니다. 그렇지만 우리는 모든 기만과 속임수, 거짓말을 혐오합니다. 백성들에게도 거짓이나 속임수를 철저하게 금지시키고 있지요. 거짓말 하는 백성들은 불명예와 벌금을 감수하지 않으면 안 됩니다. 그래서 그들은 어떤 것이든 실제보다 더욱 중요하거나 화려하게 꾸미지 않습니다. 가장과 겉치레가 없지요.

앞에서 열거한 내용들에 비추어 솔로몬 학술원의 가치를 충분히 짐작할 수가 있겠지요.

이제 학술원 회원의 임무나 활동에 대해 이야기하겠습니다. 신분을 감추고서 외국인의 이름을 가지고 외국에서 활동하는 회원이 열두 명 있습니다. 이들이 세계 곳곳에서 행해지는 발견이나 실험에 관한 자료와 책을 벤살렘으로 가져옵니다. 이들을 '빛의 상인'이라고 부르지요.

서적에 적힌 실험을 수집하는 회원이 세 명 있습니다. '약탈자'라고 불리는 회원들입니다.

기계 기술에서 비롯된 결과물을 수집하며 인문학의 연구 결과, 또 아직 체계적으로 연구되지 않은 사회적 관행들을 수집하는 회원의 수가 세 명입니다. 이들을 '신비 인간'이라고 부릅니다.

유용하다고 판단되는 새로운 분야를 실험하고 연구하는 회원이 세 명 있습니다. '파이어니어'나 '광부'라고 불리는 회원들입니다.

앞서 언급한 회원들의 연구활동에 이름을 붙여 목록을 만들며, 이 연구활동으로부터 새로운 이론이나 원리를 도출할 수 있도록 준비하는 회원들이 있습니다. 이들은 '편찬자'라고 불립니다.

동료들의 실험과 연구 결과로부터 인류의 삶을 향상시키며 지식을 증진시킬 수 있는 효용성을 찾아내려고 고심하는 회원들이 있습니다. 이들은 인과관계를 설명하며 자연현상을 예측할 수 있는 수단과 방법을 모색합니다. 또 육체의 기능과 역할을 알기 쉽고 명료하게 설명합니다. 그래서 이들은 '지참금 지급자'나 '은혜 수여자'라는 이름으로 불립니다.

전체 학술원 회원이 모여 토론하는 회의가 열립니다. 여기에서 기존의 연구와 정보 수집의 현황을 점검하는 역할을 맡은 회원이 세 명 있습니다. '등불'이라 불리는 회원으로, 이들이 더욱 자연의 비밀을 밝히며 진리에 가까이 다가서도록 새로운 연구 과제를 선정합니다.

또 지시된 연구를 수행하고 그 결과를 보고하는 회원이 세 명 있는데, '예방 접종자'라고 불립니다.

마지막으로 기존의 발견 결과를 다시 관찰하고 연구하면서 새로운 원리나 격언을 도출해내는 회원이 세 명 있습니다. '자연의 해석자'라고 불리는 회원들입니다.

우리에게는 초심자와 견습생도 있습니다. 학술원 회원들

을 보조할 남자와 여자가 필요한 데다가 회원이 대물림되면서 계승되어야 하니까요. 또 우리는 발견이나 실험 결과를 책으로 출판할 것인지의 여부에 대해 모여서 난상 토론을 벌이기도 합니다. 일반에게 알리지 않고서 비밀에 붙여야 할 사항에 대해서는 철저하게 비밀을 지킵니다. 몇몇 기밀 사항은 국가에 보고하기도 합니다.

  우리는 전시관과 기념관 용도로 길쭉하고 아름다운 건물을 두 개 갖추고 있습니다. 한 건물에는 온갖 종류의 진귀하고 훌륭한 발견품과 발명품의 견본과 원본이 진열되어 있습니다. 다른 건물에는 주요 발견자와 발명자들의 기념상이 놓여 있습니다. 서인도를 발명한 유럽의 콜럼버스, 배의 발명자, 대포와 화약을 발명했던 수도승, 음악의 발견자, 문자의 발명자, 인쇄술의 발명자, 천문학의 창시자, 주물 작업의 개발자, 유리의 발명자, 비단의 개발자, 포도주의 개발자, 옥수수와 빵의 개발자, 설탕의 발명자 등을 비롯해서 우리는 유럽 사람들보다 훨씬 많은 유럽의 위인들을 알고 있습니다. 물론 벤살렘에도 뛰어난 업적을 남긴 위인들이 많습니다만, 당신이 그것을 접할 기회가 없었기 때문에 설명을 하자면 너무나 긴 시간이 소요될 것입니다. 또 설명을 들어도 제대로 이해하지 못할 뿐 아니라 오해로 흐를 수도 있습니다. 아무튼 뛰어난 업적을 남긴 위인들을 기리기 위해서 우리는 기념상을 세우고 업적에 상응하는 영예를 수여합니다. 이들 기념상의 재료로는 청동이나 대리석·시금석·삼목·도금한 특수 목재·철·은·금 등을 사용합니다.

우리는 하나님이 창조하신 놀라운 세계에 감사하며 찬양하기 위해 매일 찬송을 부르고 일정한 의식을 거행합니다. 또 우리의 연구가 진리를 밝히도록, 그리고 그 결과로 세상을 복되게 하며 하나님의 은총을 드러내도록 하나님의 축복과 도움을 비는 기도를 드리기도 합니다.

마지막으로, 우리는 벤살렘 왕국의 주요 도시를 순회 방문합니다. 이때 유용한 발견이나 발명이 있으면 이것들을 책으로 출판해서 만인에게 알립니다. 또 우리는 질병이나 역병·유해한 동식물·기근·폭풍·지진·대홍수·혜성·계절에 따른 온도의 변화 등 다양한 자연 현상의 원인을 드러내어 규명하고, 이 재난들을 피하기 위해 백성들이 취해야 할 대책에 대해서 자문을 해줍니다."

이 말을 끝으로 그는 자리에서 일어났다. 나는 여기서 배운 관습에 따라 무릎을 꿇었다. 그러자 그는 오른손을 내 머리에 올려놓고서 축복했다.

"나의 아들이여, 신이 그대를 축복하기를. 또 내가 그대에게 설명한 내용에 대해서 신의 축복이 있기를. 그대는 이 내용을 책으로 출판함으로써 세상의 다른 나라들도 계몽할지어다. 외부세계에 알려지지 않은 미지의 왕국인 우리는 하나님의 품에 안겨 있느니라."

그는 나와 동료들을 위한 선물로, 약 2,000다카트 금화에 상당하는 보물을 하사하고는 자리를 떠났다. 솔로몬 학술원 회원이 모습을 드러내는 행사마다 이처럼 푸짐한 하사품이 뒤따른다고 한다.

프랜시스 베이컨과 과학적 유토피아

| 김종갑 |

1. 베이컨의 생애

프랜시스 베이컨은 1561년 1월 22일, 런던에 있는 아버지의 관저 요크하우스에서 태어났다. 당시 대법관으로 권력의 정상에 있던 니콜라스 베이컨 경의 막내 아들이었다. 프랜시스의 어머니 앤은 세도가 당당하던 세실 경의 가까운 친족(세실 경 부인의 동생)인 데다가 여러 외국어와 고전 지식을 해박하게 갖춘 재원이었다.

베이컨은 열두 살이라는 어린 나이에 케임브리지 대학교 트리니티 칼리지에 형 안토니와 함께 입학하는데, 당시 필수

교과목이던 아리스토텔레스 철학에 깊이 실망하게 된다. '인간의 실생활에 전혀 도움이 되지 않기 때문'이라는 이유에서였다. 그에게 학문의 목적은 실용성과 효용성에 있었다. 당시 명문가의 자제들이 대부분 그렇듯이 이 년 후에 학위도 받지 않은 채 대학을 그만둔다. 그러고는 잠시 그레이스 인 법학원에 적을 두고 있다가 영국 대사의 수행원 자격으로 프랑스 파리로 건너가서 정치가로서의 훈련과정을 밟는다. 정치와 외교의 실무를 몸에 익히는 와중에도 그는 실험과 관찰의 중요성에 눈을 뜨기 시작했다고 한다.

실험과 관찰은 베이컨 철학의 근본 특징이기도 하지만, 동시에 그것은 당시 르네상스적 시대정신의 반영이기도 했다. 중세 사람들은 직접 두 눈으로 보고 만져보며 확인하지 않더라도 어떤 사물의 존재를, 예를 들어 인어가 실재한다고 믿을 수 있었다. 그러나 르네상스 사람들은 몸소 가서 소문의 정체를 확인해 보지 않고서는 믿지 못하는 정신의 소유자들이었다. 이러한 실증적 정신이 동기가 되어 콜럼버스의 신대륙 발견을 비롯한 수많은 지리상의 탐험도 이루어졌다고 볼 수 있다. 《새로운 아틀란티스》도 이러한 지리상의 발견을 배경으로 해서 비로소 쓰여질 수 있었다.

아버지의 후광에 힘입어 정치가로서 출세의 계단을 밟아 가던 베이컨에게 예기치 않은 비극이 닥친다. 1579년에 아버지가 갑작스럽게 사망했던 것이다. 급히 귀국한 베이컨의 앞날이 순조롭지는 않았다. 막내 아들이기 때문에 상속권을 물려받지 못한 그는 이제 자기 힘으로 장래를 개척해야만 했다. 아버지의 유언장에는 그에 대해 아무런 언급이 없었다고 한다. 그래서 그가 택한 길은 법률가가 되는 것이었다. 당시 영국에는 네 개의 유명한 법학원이 있었는데, 변호사나 재판관이 되기 위해서는 반드시 법학원의 회원이 되어야 했다. 다시 그레이스 인 법학원으로 들어가 훈련과정을 마친 그는 1582년 하급 변호사 자격을 얻는다. 이후 국회에서 의석을 얻어 대의원으로 활발히 활동하였다. 그러나 그는 승승장구 출세의 가도를 달리지는 못했다. 당시 엘리자베스 여왕이 국회에 내놓은 안을 정면으로 반대함으로써 여왕의 미움을 샀던 것이다. 또 여왕은 그의 재주와 능력을 충분히 인정하면서도 그에게 호감은 느끼지 못했던 듯하다.

나중에 그는 당시 제일의 세력가였던 에식스 백작의 재판문제로 여왕과 가까워지는 계기를 얻는데, 역설적으로 이 사건으로 인해 그의 도덕성은 치명적인 타격을 입게 되었다.

에식스 백작은 베이컨의 친지이면서 은인이었다. 베이컨이 법무차관에 오르도록 손발을 걷어붙이고 나섰으나 실패로 돌아가자 백작은 그를 위로하기 위해 거대한 영지를 그에게 선사하였다. 그러던 에식스 백작이 아일랜드의 반란을 진압하러 떠났다가 여왕의 허락도 없이 반란군과 휴전을 체결하고 귀국한다. 이 때문에 여왕의 노여움을 산 백작은 관직을 박탈당하고 내란을 주도했다는 죄목으로 1601년에 체포되었다. 그의 죄를 묻는 재판에 참여한 베이컨은 여왕을 옹호하면서 은인인 에식스 백작에게 전적으로 불리한 증언을 했다. 베이컨이 에식스 백작을 옹호했더라도 그가 처형을 면하기는 어려웠을지 모른다. 그럼에도 출세에 급급해 은인을 처형하는 데 앞장섰다는 비난은 평생 그림자처럼 베이컨을 따라다니게 되었다.

이렇게 법률가와 정치가로서 분주하게 활동하는 와중에도 베이컨은 학문과 연구에서 손을 떼지 않았다. 오히려 종래의 관념적 경향에서 탈피하여 실험과 관찰에 입각한 학문의 길을 개척하려는 야심에 부풀어 있었다. 그가 서른한 살에 썼던 편지에 다음과 같은 대목이 나온다.

"나는 그리 크지 않은 정치적 목표를 가지고 있다. 그러나 나는 엄청난 학문적 목표를 가지고 있다. 온갖 지식의 영역을 섭렵하고자 마음먹었기 때문이다."

이러한 거창한 포부는 혼자만의 노력으로 실현될 수 있는 성질의 것이 아니었다. 아무리 영민할지라도 한 개인의 힘으로 지식의 대양을 완전히 항해할 수는 없는 노릇이기 때문이다. 그래서 그는 '대개혁(The Great Instauration)'이라는 공동연구나 공동저술 계획을 제안하게 된다. 실험과 관찰을 통한 지식의 탐구가 열매를 거두기 위해서는 수많은 연구자들의 참여가 전제되는 바, 공동연구자들이 각자 맡은 영역을 탐구하고 저술함으로써 그 결과가 방대한 백과사전적 지식의 금자탑을 이룩하리라는 계획이었다. 이런 웅대한 계획을 품었던 베이컨은 그러나 공동연구의 구체적 단계나 협조체계에 관해서는 전혀 생각이 미치지 못했다. 당연히 그의 계획에 공동연구자들을 참여시킬 수 없었다. 그럼에도 이 '대개혁'의 구상은 계속해서 그의 마음에 남아 있었던 듯이 보인다. 《새로운 아틀란티스》가 바로 그 산 증거이다.

엘리자베스 여왕 제위 시에 느릿느릿한 승진의 길을 걷던 베이컨은 1603년 제임스 1세가 즉위하면서 승진의 고속도로를 질주하기 시작한다. 왕의 편에 서서 의회를 견제하고 왕권을 옹호하면서 왕의 총애를 얻은 그는 1603년에 기사 작위를 수여받고, 1607년에 법무차관, 1613년에 법무장관으로 발탁되더니 1618년에는 당시 최고 지위인 대법관에 임명되면서 베룰람 남작이라는 작위까지 수여받았다. 왕권을 옹호하던 그는 의회파와 충돌할 수밖에 없었다. 당시 의회를 옹호하는 세력의 선봉에는 최고의 법관 가운데 한 명으로 추앙받던 코크 경이 있었는데, 그는 제임스 1세의 미움을 사서 관직마저 박탈당하고 말았다. 그럼에도 재야에 머물면서 의회를 진두 지휘했던 바, 의회와 베이컨의 충돌이 1621년에 정점에 이르렀다. 이러한 와중에 베이컨은 뇌물수수혐의로 고소를 당한다. 의회파들이, 그가 대법관으로 재직하면서 탄원자들로부터 뇌물을 수수받았다는 혐의를 스물여덟 가지 포착해 목록을 만들어 제소했던 것이다. 그는 무죄 탄원이 무익하다고 판단하고는 순순히 뇌물수수 사실을 시인했다. 당시 자그마한 뇌물은 일종의 관행이라는 생각에서 순순히 혐의를 시인했는지도 모른다. 현재의 기준에 비추어서 그를 판단하면 시대착오적이라는 비난을 면하기 어려울 것이다. 아무튼 이 일로 인해 그는 대법관의 자리에서 물러나야 했으며, 짧은 기간이기는 하지만 런던 탑에 감금되기도 했다. 그는 자신이 행한 모든 재판에는 한 점 의혹도 없었으며 뇌물이 재판에 영향을 미친 적이 전혀 없었다는 사실을 강변하면서, 아버지인 "니콜라스 베이컨 이후 대법관이 다섯 번이나 바뀌었지만 자기만큼 공정한 대법관은 없었노라"고 호언했다. 그러나 불명예스러운 퇴진임에는 틀림없었다. 그럼에도 그는 자신에 대한 재판의 정당성을 부인하지는 않았던 듯이 보인다. 그것은 이 재판에 대한 다음과 같은 그의 진술에서 분명하게 드러난다. "지난 이백 년 동안 의회가 견책한 사건 가운데 가장 공정한 견책이었다." 지금까지도 뇌물수수혐의의 진상은 밝혀지지 않은 실정이다.

최고의 영예인 대법관의 자리에서 예순의 나이로 불명예스럽게 퇴진한 이후로도 베이컨은 다시 공직을 맡기 위해 갖은 노력을 아끼지 않았다. 그의 몇몇 저술도 그런 노력의 일환이었지만, 그것은 아무런 결실을 맺지 못했다. 결국 그는 조용한 교외 저택에 칩거하면서 저술과 연구에 정열을 쏟았다. 이 시기에 그의 주요한 저서들이 많이 쏟아져나왔다.《헨리 7세 치세사》,《자연사 및 실험사》,《삶과 죽음의 역사》,《새로운 아틀란티스》 등이 그것이다. 이처럼 노익장을 과시하면서 활발한 저술활동을 하던 그는 1626년 3월 말, 어느

눈 오는 날에 런던 북쪽 교외 하이케이트에서 독감에 걸려 사망했다. 그의 죽음에 얽힌 이야기도 그의 생애만큼이나 극적이다. 당시 닭고기의 부패를 방지하기 위한 방법으로 냉동효과를 실험하던 그는 추운 날씨에도 아랑곳하지 않고 눈을 수집하기 위해 밖으로 나갔다가, 찬바람에 덜컥 독감에 걸려 죽음에 이른 것이다. 이것이 계기가 되어 그에게 '실험과학의 첫번째 순교자'라는 별칭이 붙여졌다. 뇌물수수혐의로 관직에서 불명예스럽게 물러나야 했던 그가 명예스럽게 과학의 순교자라는 찬사를 받게 된 것이다.

베이컨의 사생활에 대해 부연 설명하면, 그는 씀씀이가 헤픈 사람이었던 듯이 보인다. 수입보다 지출이 많았던 그는 늘 빚에 시달렸다. 심지어 1598년에는 눈더미처럼 쌓인 빚을 갚지 못해서 고발되어 구속된 적도 있었다. 물려받은 재산도 없던 가난한 그가 부유한 귀족 친구들과 어울리다 보면 자연 감당할 수 없을 만큼 지출의 규모가 커질 수도 있었을 것이다. 아마도 대법관에 재직하면서도 소송인들이 가져오는 관행적 뇌물로 부족한 재정을 보충했으리라고 판단된다. 베이컨은 《유토피아》를 저술했으며 그에 90년 앞서 대법관의 자리에 올랐던 토머스 모어처럼 청렴결백하고 고결한 성자는 아니었다. 정치가라기보다 성직자에 가까웠던 모어는 타협을 모르는 인물이었다. 그래서 헨리 8세와 정면으로 충돌하면 목숨이 위태롭다는 사실을 뻔히 알면서도 태연히 왕에 맞서서 소신을 굽히지 않았다. 결국 그는 1535년 단두대의 이슬로 사라졌다. 프랜시스 베이컨에게서 그렇게 결백한 의인의 모습을 기대할 수는 없다. 그는 출세욕에 불탔던 세속적인 인물이었다. 그럼에도 그에게서 거룩한 종교인의 모습을 기대하지 않는다면, 정치가와 법률가로서 그는 매우 현명하며 훌륭하고, 재판관으로서도 공정한 인물이었다. 뇌물수수 혐의와 에식스 백작 사건으로 그의 명성과 명예에 흠집이 나긴 했지만 사후에도 그는 많은 존경을 받았다.

　베이컨이 셰익스피어와 더불어 생존했던 르네상스 시대는 도덕적으로 순수한 인간보다는 재기발랄하며 세속적으로도 성공을 거두는 만능인이 존경받던 시대였다. 그러한 만능인의 모델에 걸맞게 베이컨은 궁정인이자, 정치가이며 법률가였고, 인본주의 학자이자 문필가로서 모든 분야에서 두각을 나타냈다. 때문에 윤리의 잣대 하나로 그의 인물됨을 평가할 수는 없을 듯이 보인다. 도덕적 결백과 성실이 요구되던 18세기 후반과 19세기에 베이컨은 지나치다 싶을 만큼 과소평가 되기도 했다. 시대마다 나름의 관점에서 과거를 되돌아보기 때문에 피할 수 없는 결과인지도 모르지만, 적어도 시대착오적 판단으로 흐르지는 말아야 할 것이다. 그의 생애와 관련해서 마지막으로 한마디 덧붙이면, 금전 문제와 달리 여성과의 관계에 있어서는 매우 담백했거나 무관심했다. 여자 문제로 구설수에 오른 적은 없었던 듯이 보인다. 서른여섯 살에 재산이 많은 미망인과 결혼을 꾀하기도 했으나 쉽게 이루어지지 않았다. 그러다가 마흔다섯에 이르러서야 열네 살에 불과한 여자와 결혼을 했다고 한다.

2. 《새로운 아틀란티스》와 시대 상황

《새로운 아틀란티스》를 이해하기 위해서는 두 가지 바탕 지식이 전제되어야 한다. 모든 작품이 그렇듯이 《새로운 아틀란티스》도 당시의 시대적 상황이 배경이 되어서 비로소 쓰여질 수 있었기 때문이다. 이미 앞서 베이컨의 생애를 소개하는 대목에서 간단히 언급했듯이, 르네상스 정신과 지리상의 발견이 그것이다. 당시 이루어진 지리상의 발견은 유럽인들에게 충격으로 다가왔다. 세계의 지평선이 갑자기 확대되면서 느끼는 아찔한 지리적·문화적 현기증을 경험했던 것이다. 지리상의 발견은 유럽 문화와 영토의 울타리에 갇혀 있던 사유의 빗장을 활짝 열어놓는 구실을 했다. 더욱이 당시의 시대 분위기는 이런 확대되는 세계의 지평을 기꺼이 수용할 수 있을 만큼 진취적이며 도전적이었다. 미래를 두려워하면서 움츠리는 사람은 미지의 세계에 대해 외면하고 싶어 한다. 그러나 낙관적으로 미래를 조망했던 르네상스 시대 사람들은 호기심에 들떠서 미지의 세계를 여행하며 답사하고 싶어했다. 뿐만 아니라 미지의 세계에서 새로운 세계와 새로운 인간의 초상마저 발견하고 싶어했다. 이러한 심리가 토머스 모어와 베이컨의 유토피아적 작품이 탄생할 수 있는 계기가 되었던 것이다.

두말할 나위 없이 르네상스는 중세와 근세 사이에 유럽의 문명사에 나타난 거대한 문화적 물결이다. 학문이나 예술의 재생·부활이라는 어원을 갖는 르네상스(Renaissance : 재탄생)는 중세라는 문화의 겨울을 지나 이윽고 도래한 재생의 봄이라는 함의를 갖는다. 페트라르카를 비롯한 당시의 인문학자들은 중세를 암흑시대로 간주하고 그들이 새로운 시대의 초입에 서 있다는 자의식의 소유자들이었다. 14세기에 이탈리아에서 고전 연구에 전념했던 인문주의자들과 더불어 시작된 르네상스 운동은 문학은 물론이고 회화·건축·법률·정치 형태를 비롯해서 온갖 분야를 망라하면서, 차츰 프랑스와 독일, 영국으로 전파되었다. 르네상스의 바람이 섬나라 영국으로까지 몰려와 개화하고 결실을 맺은 것은 16세기에 들어와서였다. 이탈리아의 대표적인 인본주의자였던 에라스무스와 개인적으로 두터운 친분을 쌓으면서 헨리 8세를 섬겼던 토머스 모어(1478~1535)는 영국의 빼어난 1세대 르네상스 학자라 할 수 있다. 영국의 르네상스는 에드먼드 스펜서의 《선녀왕(仙女王)》과 같은 대서사시와 셰익스피어의 극작품, 프랜시스 베이컨의 저서들과 더불어 그 정점에 달했다. 이탈리아에서 시작된 르네상스가 프랑스나 독일을 거쳐 영국에서 화려하게 막을 내린 셈이다.

  중세가 과연 암흑시대였는지, 또 르네상스가 중세와 근본적인 단절을 고하면서 새로운 시대로 접어든 것인지 여부에 대해서는 의견이 분분하다. 그럼에도 중세와 구별되는 르네상스적 특징을 몇 가지 짚어볼 수는 있다. 중세는 개인보다는 집단이, 개성보다는 공동체 의식이 중시되는 사회였다. 그래서 개인은 자기가 속한 사회의 일원으로서 스스로의 정체성을 확인하며 삶의 의미와 이유를 발견했다. '네가 누구냐'는 질문에 자기의 이름을 말하기보다는 마을의 이름이나 부모의 이름이 먼저 튀어나오는 그러한 시대였다. 반면 르네상스 시대의 사람들은 보다 개별적이며 개성적이었다. 이것은 르네상스의 연장선에 있는 루터의 종교개혁에서 두드러진다. 그는 신앙의 주체를 교회라는 공동체적 공간에서 내밀한 개인의 공간, 교황과 신부의 권위에서 개인의 개별적 신과의 만남으로 옮겨놓았던 것이다. 이렇게 개인의 중요성이 새삼 부각되는 사회적 분위기 속에서 비로소 몽테뉴는 개인의 내밀한 고백인 《수상록》을 쓸 수 있었다. 만일 공동체 속에서만 개인이 의미를 갖는 중세 사회였다면, 《수상록》과 같은 작품은 태어날 수 없었을 것이다. 이렇게 점증하는 개인의 가치와 자의식의 성장과 맞물려 나타나는 또 하나의 르네상스적 특징은 세속화의 경향이었다. 이제 중요한 것은 사후의 세계가 아니라 살아 있는 동안의 현세이다. 중세가 그러했듯이 지상의 생활이 천국을 향한 도정에서 잠시 스쳐 가는 눈물의 골짜기에 불과하다면, 이 세상을 개혁하려는 의지가 생기거나 동기도 부여되지 않을 것이었다. 르네상스 사람들은 종교적인 믿음과 소망을 버리지는 않았지만 근본적으로 현실주의자들이었다. 혹자는 르네상스의 세속적 특징으로 '예술지상주의,' '정치지상주의,' '과학지상주의'를 손꼽기도 했다. 그만큼 그들은 현실세계가 삶의 유일한 지평이라는 듯이 현실의 여러 문제에 깊은 관심을 보이면서 사회나 정치, 교육제도를 개혁하기 위해 많은 노력을 경주했다. 토머스 모어의 《유토피아》나 베이컨의 《새로운 아틀란티스》도 이러한 노력의 산물이라 할 수 있다. 모어와 베이컨이 이들 작품을 집필하던 시기에는 사회제도나 정치체제를 개혁할 수 있는 위치에 있지 않았지만(모어는 대법관의 지위에 오르기 전에, 베이컨은 대법관직을 내놓고서 교외에서 은둔생활을 하면서 작품을 집필했다), 작품에 구상된 이상적 사회를 모델로 삼아 영국 사회가 변하기를 바랐던 것이다. 말하자면 사회 참여와 사회 개혁의 일환으로 이들 작품들이 쓰여졌다고 볼 수 있다. 학문이 상아탑에 칩거하면서 고전의 서책을 뒤적이거나 관념의 날개를 휘저어 이상 세계로 일탈하는 초연하고 탈속적인 활동으로 비쳤다면 이러한 작품들은 나올 수 없었을 것이다.

15세기에 잇달아 일어난 지리상의 발견도 르네상스적 현실 인식의 연장에서 이해할 수 있다. 정치나 교육의 개혁이 사회의 지형도를 바꾸어놓았다면 지리상의 발견은 현실의 지리적 지형도를 변화시켰다. 새로운 학문의 대두가 사유의 지평을 넓혀놓았다면 지리상의 발견은 공간의 지평을 확장시켜놓았다. 엄밀하게 따지면, 아메리카 신대륙의 발견은 1000년경 노르만인에 의해 처음 이루어졌다. 그렇지만 당시의 유럽인들에게는 아무런 관심도 불러일으키지 못하였다. 어쩌면 콜럼버스의 신대륙 발견도 르네상스 시기가 아니었더라면 쉽사리 망각되고 말았을지도 모른다. 사실상 신대륙 발견은 당시의 경제적 이해가 계기가 되어서 촉발되었다. 터키가 근동 지방의 정상적인 육상 무역로를 폐쇄했기 때문에 유럽은 인도와 중국으로 가는 새로운 길을 해상에서 찾아야 하는 절박한 처지에 놓여 있었다. 이때 지구가 둥글다고 믿었던 콜럼버스는 포르투갈이나 스페인의 항구에서 서쪽으로 계속 항해하면 마침내 인도에 도착하리라고 생각했다. 당시 유럽 사람들은 아메리카 대륙이 있다는 사실을 전혀 몰랐던 데다가 대서양과 태평양의 면적도 실제보다 훨씬 작게 잡고 있었다. 때문에 어렵지 않게 인도에 닿으리라고 생각했다. 그래서 스페인의 이사벨라 여왕의 후원을 받은 컬럼버스는 1492년 8월 3일에 세 척의 배를 거느리고서 1차 항해를 떠나

10월 12일에 바하마 제도를 발견하였으며, 나중에 쿠바와 아이티에 도착하였다. 그는 죽을 때까지도 자신이 발견한 대륙이 인도라고 믿었다고 한다. 그의 사후에도 신대륙을 향한 항해는 계속되었는데, 특히 스페인 정부의 후원을 받은 이탈리아인 아메리고 베스푸치(토머스 모어의 《유토피아》에서는 서술자가 베스푸치와 함께 항해를 하였던 인물로 설정되어 있다)가 신대륙의 전모를 유럽 사람들에게 확실히 각인시켜주었다. 그래서 발트제뮐러라는 당시의 저명한 독일 지리학자가 그의 업적을 기념하기 위해 베스푸치의 성을 라틴어로 표기한 아메리카라는 명칭을 신대륙에 붙여주었던 것이다. 물론 콜럼버스 이전에도 지리상의 발견이 있었다. 가령 1488년 폭풍에 떠밀려 남쪽으로 내려갔던 바르톨로뮤 디아스는 항로를 북동쪽으로 잡았다가 희망봉이라 불리는 아프리카 남단을 돌아 귀향한 적이 있었다. 이러한 지리상의 발견에 대한 언급은 《새로운 아틀란티스》의 도처에서 발견된다.

《새로운 아틀란티스》의 배경에 놓인 지리상의 발견과 르네상스 정신은 베이컨보다 3년 늦게 태어났으며 셰익스피어와 동년배였던 크리스토퍼 말로의 작품 《포스터스 박사》의 다음과 같은 장면에서 잘 드러난다. 아리스토텔레스가 지나치게

비실용적이라 생각했던 프랜시스 베이컨과 마찬가지로 주인공 포스터스도 학문을 통해서 현실을 지배하며 정복하고자 한다. 그에게 학문이란 초연하고 공평무사한 활동이 아니라 현실을 움직이는 강력한 힘이다. 그래서 그는 마법의 도움으로 정령을 마음대로 부리면서 현실을 지배하려 한다. 소크라테스에게 지식은 덕이었지만, 베이컨과 마찬가지로 그에게 '지식은 힘이다.'

> 나는 종래의 철학과 학문에 질려버렸어!
> 정령으로 하여금 모든 의문을 깨끗이 풀게 하고
> 내가 꿈꾸어왔던 기발한 계획들을 실행에 옮길까?
> 인도로 정령을 파견해서 황금을 가져오게 하며
> 바닷속을 샅샅이 뒤져 동방의 진주를 채취토록 하고
> 새로 발견한 세계의 구석구석을 돌아다니며
> 감미로운 과일과 값진 식품을 가져오도록 할까?

당시 콜럼버스가 신대륙(인도)에서 가져왔던 황금은 유럽 사람들의 구미를 자극하기에 충분했다. 신대륙의 황금이 전 유럽에 센세이션을 일으키면서 '콜럼버스의 달걀' 이란 일화도 생겨났던 것이다. 학자는 책상물림의 백면서생이 아니라 배를 타고 인도로 항해해서 황금을 채취하거나 바닷속을 뒤져서 진귀한 진주를 수집하는 탐험가이며 과학자이다. 세계의 지형을 변화시키며 세상을 움직이는 거대한 힘의 가능성을 르네상스 사람들은 학문, 특히 과학에서 발견했던 것이다. 그렇다면 이렇게 엄청난 과학의 힘으로 새로운 세계와 새로운 사회를 건설할 수 있을 것이다. 《새로운 아틀란티스》는 파우스트적 욕망을 간직하고 과학의 미래를 꿈꾸었던 베이컨이 그려놓은 과학의 유토피아이다.

3. 모어의 《유토피아》와 베이컨의 《새로운 아틀란티스》

프랜시스 베이컨의 《새로운 아틀란티스》를 깊이 이해하기 위해서는 1세기 앞서 1516년에 출판된 모어의 《유토피아》와 병치해놓고 생각해 볼 필요가 있다. 비교·대조되면서 두 저서의 차이와 특징이 두드러지게 나타난다. 앞서 설명했듯이, 대법관이라는 당시 최고의 지위에 올랐음에도 모어는 어디까지나 철두철미한 성직자였다. 성직자로서 그에게 지식이란 덕에 이르는 길이다. 그가 설계한 유토피아는 무엇보다도

미덕의 유토피아이며, 쉽게 예상할 수 있듯이 이 유덕한 사회에서 가장 존경받는 인물은 성직자이다. 그러나 베이컨의 이상 사회는 전혀 다른 풍경을 보여준다. 타고난 탁월한 재능과 기량에다 출세의 욕망에 박차를 가하면서 성공의 사다리를 꾸준히 밟아 올라 마침내 모어와 마찬가지로 대법관의 자리에 오른 베이컨에게 지식이란 힘이었다.[1] 이 힘은 인간의 마음을 감화하며 움직이는 도덕적 힘이 아니다. 그것은 물질 세계를 좌지우지 엿가락 주무르듯이 지배하는 권력의 손길이다. 그래서 그에게 지식의 모델은 자연과학이며, 두말할 여지 없이 그의 유토피아에서 가장 존경받는 인물도 과학자이다.

과학에 눈높이를 맞추면서 유토피아를 설계했던 베이컨은

---

1) 이 두 인물의 차이는 그들이 섬겼던 왕에 대한 상이한 태도에서 단적으로 드러난다. 《유토피아》의 도입부에서 모어는 주인공인 라파엘의 입을 통해서 정치에 대한 자신의 입장을 피력하고 있는데, 왕에게 봉사(service)하는 것이란 노예가 감수하는 속박이나 예속(servitude)과 다를 게 없다고 강변한다. 그는 돈이나 권력에 관심이 없을 뿐 아니라 가급적 멀리하려고 했다. 이러한 모어의 태도는 프랜시스 베이컨과 크게 대조를 이룬다. 제임스 1세가 왕위에 오른 직후에 출판된 《학문의 진보》의 헌사는 왕에 대한 칭송으로 일관되어 있다. "제가 알고 있는 모든 사람들 가운데 폐하는 플라톤이 그렸던 바 가장 훌륭한 인간의 산 증인이십니다." 그는 이 작품의 헌사를 통해 왕의 환심을 삼으로써 출세의 사닥다리를 오르고 싶어했던 것이다.

《신기구 Novum Organum》에서 자연과학의 위대한 성과로 인쇄술과 화약, 나침반을 꼽았다. 이유는 간단하다. 이들이 '사물의 모습을 바꾸며 세계의 상태를 바꾸어놓았기 때문이다.' 인쇄술은 글쓰기의 모습을, 화약은 전쟁의 모습을, 나침반은 항해의 모습을 완전히 바꾸어놓았던 것이다. 이처럼 과학은 물질의 세계를 지배한다. 텅 빈 모자에서 손수건과 토끼를 꺼내며 비둘기를 날리는 마술사처럼 과학자는 무에서 유를 창조하고, 손수건을 토끼로, 토끼를 비둘기로 바꾸어놓는다. 과학자가 과학의 모자에서 꺼내어 보여주는 세계, 이것이 베이컨의 유토피아이다.

베이컨은 근대 실험과학의 아버지이면서 그 아들이기도 했다. 그가 과학에서 새로운 세계와 새로운 학문의 가능성을 점칠 수 있었던 것은 이전에 이미 인쇄술과 화약, 나침반이 발명되어 있었기 때문이다. 1512년에 이미 코페르니쿠스는 지동설을 발표하였으며, 근대 해부학의 시조인 베살리우스는 1543년에 《인체의 구조에 관하여》라는 저서를 출간했다. 또 영국의 길버트는 자기학의 기초를 다진 《자석에 관하여》를 1600년에 출간했으며, 1610년에 갈릴레오는 망원경을 만들어 목성의 위성을 발견했으며, 베이컨의 주치의이기도 했던 하비는 혈액순환의 원리를 발견하였다. 당시 진행되고 있던 과학의 혁명에서 베이컨은 유토피아의 가능성을 엿보았던 것이다.

그러나 토머스 모어는 근대 과학의 눈부신 성과들이 쏟아져나오기 이전에 살았던 인물이다. 설혹 과학 혁명의 여파를 어느 정도 경험했다고 할지라도 그의 기본적인 시각은 변하지 않았을 것이다. 성직자이면서 인문학자였던 그의 시각은 언제나 내면으로 향해 있었다. 기술 문명의 진보나 물질 세계의 정복은 그에게 별 의미가 없었던 듯이 보인다. 문제는 그것이 갖는 의미이다. 모어의 유토피아인들에게 가장 중요한 토론 주제는 '인간 행복의 본질은 무엇인지,' 또 '행복의 요인은 무엇인지'에 관한 물음이다. 기술 문명의 진보에 비할 수 없이 중요한 가치는 행복이다. 모든 구성원에게 평등하고 정의롭게 배분되는 행복의 가능성을 추구하는 그들의 눈에 물질적 풍요는 공허하거나 오히려 유해해 보인다. 자칫하면 물질은 불평등과 반목을 조장하기 때문이다. 그래서 유토피아인들은 금이나 은과 같은 보석을 하찮게 여긴다. 오히려 보석은 어린아이의 장난감에 불과하기 때문에 어른이 되어서도 보석에 탐닉하면 빈축을 산다. 이들은 값진 소유물을 열거하고 진열하면서 행복의 정도를 과시하지 않는다.

하지만 베이컨의 유토피아에 들어서면 색다른 풍경이 눈앞에 나타난다. 새로운 아틀란티스는 풍요의 왕국이며 물질문명의 왕국이다. 모어의 유토피아에 등장하는 유명인사와 베이컨의 아틀란티스에 등장하는 유명인사를 비교해 보면 분명해진다. 모어의 유토피아에서는 유명인사도 외관에 있어서 평범한 노동자와 다를 바가 없다. 오히려 그는 노동자보다 더욱 청빈하게 보인다. 또 그가 행차한다고 해서 시동들이 일렬 종대로 늘어서서 나팔과 피리를 불며 요란 법석을 떨지도 않는다. 그러나 베이컨의 아틀란티스는 판이하게 다르다. 솔로몬 학술원 회원이 한번 행차할라치면 온 도시가 숨을 죽이며 침을 삼킬 정도로 그의 외양이 화려하며 위풍당당하다. 그가 탄 수레는 온갖 진귀한 귀금속으로 화려하게 장식되어 있다. 그것은 호사스런 황제의 행차를 연상시킨다. 위대함의 정도가 넘쳐흐르는 물질의 풍요로 증명되는 것이다. 학술원 회원이 주인공과 만나서 대화하는 장면도 마찬가지다. 보물상자를 열고서 휘황찬란한 보석들을 입에 침이 마르도록 칭찬하며 일일이 헤아려 보여주는 부유한 상인처럼 그는 벤살렘 왕국의 기술 문명을 열거하며 설명하기에 바쁘다. 소개해야 할 과학의 품목이 무궁무진한지라 그는 한 가지도 자세하게 설명할 여유가 없다. 한 품목이 얼굴을 내밀기가 무섭게 다른 품목이 금방 고개를 들고 나온다. 그래서 품목이 한없이 나열되며 설명은 숨가쁘게 가속화된다. 이루 헤아릴 수도 없는 과학의 결실을 헤아리느라 그는 숨이 막힐 지경인 것이다. 이렇듯 과학의 승리에 흥분해서 귀밑까지 빨갛게 달아오른 학술원 회원의 얼굴을 모어의 유토피아인이 바라본다면 살며시 웃음을 띄우며 그것이 인간의 행복에 어떠한 도움이 되는지 반문할 것이다. 토머스 모어의 관점에서 바라보면 벤살렘 왕국의 사람들은 온갖 보석을 치렁치렁 옷에 매달고서 유토피아를 방문한 외국의 사절들과 비슷하다. 죄인에게 족쇄를 채우고 쇠사슬을 몸에 칭칭 동여매는 유럽의 관습과 마찬가지로 모어의 유토피아에서는 무거운 죄를 지은 중죄인을 벌하기 위해 죄인의 몸에 온갖 무거운 패물을 매달아놓기 때문이다. 그래서 외국 사절이라는 사실을 미처 몰랐던 유토피아 사람들이 다음과 같이 외쳤던 것이다.

"저 바보스러운 어른들 좀 봐! 저 나이가 되어서도 보석을 달고 다니다니." 혹은 "저 (보석으로 된) 사슬은 너무나 허술해서 노예가 쉽게 끊어버리겠어. 도망할 생각만 있으면 언제

든지 쉽게 벗어버리고 달아날 수 있겠어!"

에리히 프롬의 개념을 빌려 말하면, 모어의 유토피아는 '존재'의 왕국인 반면 베이컨의 유토피아는 다다익선(多多益善)을 지향하는 '소유'의 왕국인 듯이 보인다. 모어의 유토피아 사람들은 간편한 옷 한두 벌로 만족한다. 그 이상의 의복은 불필요한 낭비일 뿐 아니라 값비싼 희생까지도 치르게 한다. 만약 누군가 호사스런 의복을 다량으로 구입하기 원한다면, 그는 그 비용을 마련하기 위해 휴일과 휴식까지도 반납하고서 땀 흘려 열심히 일해야만 할 것이다. 그의 부는 희생의 대가로 주어지는 것이다. 말하자면 안빈낙도의 느긋한 삶이 소유에 저당잡혀야 하는 것이다. 소유와 존재는 반비례의 관계에 놓여 있다. 그러나 이러한 모어의 단순 논리에 입각해서 베이컨의 벤살렘 왕국을 판단하면 위험천만이다. 베이컨이 보기에 모어의 논리는 아직 과학 문명이 발달하기 이전의 논리, 어찌 보면 원시인의 논리로 비칠지 모른다. 모어에 따르면 일하지 않는 자는 먹지도 말아야 한다. 또 많이 먹기를 원한다면 더욱 많이 일해야 한다. 일하지 않고 먹으려 하거나, 조금 일하고 많이 먹으려 하는 자는 부도덕한 자이다. 각자에게 빵이 하나씩 분배되는데, 만일 A가 빵을 두 개 먹는다면 구성원 중 누군가는 굶어야 한다. A의 손에 쥐어진 부당 이익은 누군가의 손실을 초래한다. 반면에, A가 감수해야 하는 부당한 손실은 누군가의 부당한 이익을 가져온다. 모어의 유토피아에서는 재화의 총량이 일정하기 때문이다. 여기서 개인의 소유물은 전체 재화의 총량을 구성원 전체의 숫자로 나눈 값이다("건전한 사회의 필수적 요건은 재산의 균등한 분배라는 점이 너무나 명백합니다. 자본주의 사회에서는 이것이 불가능하지요"). 이것은 노동에 대해서도 마찬가지다. 노동의 총량이 일정한 가운데 각 노동자는 자신이 해야 할 노동의 몫을 분배받는다. A가 일을 하지 않는다면 누군가 그의 몫을 채우면서 두 배로 일해야 한다. 일하지 않으면 먹지 않아야 하는 이유가 여기에 있다.[2] 그러나 베이컨의 눈에 이것은 전근대 사회의 논리로 비친다. 그의 벤살렘 왕국에서는 일하지 않고 먹어도 좋다. 일하지 않고서 빵을 열 개 먹어도 좋다. 그렇다고 누군가 굶어야 한다는 결론이 나오지 않는다. 베이컨의 왕국은 풍요와 잉여의 왕국이기 때문이다. 왕국의 주민이

---

[2] "일하지 않고서 게으름을 피우는 자들(남의 노동으로 생산된 것을 생산자보다 두 배나 더 소비하고 있는 자들)에게 필요한 일을 시킨다면, 매일매일의 노동 시간이 단축되어도 생활필수품과 편의품이 충분히 생산될 수 있을 것입니다."

이루 다 소모할 수 없을 만큼 많은 식량과 상품이 생산되기 때문에 A가 제 몫보다 훨씬 많이 챙긴다고 해서 다른 구성원의 몫이 달아나지 않는다. 노동에 대해서도 마찬가지이다. 노동자 A가 손을 놓고 쉰다고 해서 노동자 중 다른 누군가가 그의 몫을 대신해서 노동할 필요가 없다. 나의 휴식이 다른 사람의 노동을 채근하게 만들지 않는다. 구태여 일할 필요가 없는 왕국이기 때문이다. 일하지 않아도 과일이 덩굴째 그의 입에 떨어진다. 이것이 모어의 원시적 유토피아와 대비되는 베이컨의 과학 유토피아이다.

언뜻 보기에, 베이컨의 유토피아는 타락하기 이전의 에덴동산이나 천국, 희랍 신화의 황금의 시대를 연상시킨다. 텍스트의 마지막 부분에서 솔로몬 학술원 회원은 벤살렘 사람들이 아브라함처럼 하나님의 품에 안겨 있다고 증언하기도 했다. 이러한 황금의 시대나 천국은, 일례로 오비디우스의 《변신 이야기》에서 다음과 같이 묘사된다.

> 처음 천 년은 황금의 시기였다.
> 살아 있는 동물들이 서로를 신뢰하고 의지하며
> 사람들은 악한 생각을 품지 않고서 행복하게 살았다.

순결한 대지에 삽질이나 쟁기질을 할 필요가 없었다.
풍성한 대지는 나무의 과실들로 축복했다.
산그늘도 선선한 언덕에서 무르익어서
포도송이, 버찌, 딸기가 가지에서 절로 떨어지고.

이 황금의 시기에 마치 어머니가 아이를 보살피듯이 자연은 인간에게 한없이 친절하며 자비롭고 푸짐하다. 대지는 일년 내내 따사로운 봄기운으로 가득하기 때문에 구태여 추위를 피하기 위해 옷을 만들거나 집을 지을 필요도 없다. 땅을 갈며 쟁기질하지 않아도 대지는 젖과 꿀이 넘쳐흐른다. 인간에게 그야말로 부족한 것이 없다. 공복감이 일거나 갈증이 생기기도 전에 향기롭고 달콤한 과실이 옆에서 그의 손길을 기다리고 있다. 결핍을 모르기 때문에 황금 시대의 사람들은 아예 욕망이라는 것도 모른다. 그것은 욕망이 없는 충족의 공간이다. 이와 정반대 극단에 충족되지 않은 욕망이 있다. 희랍 신화에 나오는 탄탈로스가 대표적인 인물이다. 공복과 갈증으로 허덕이는 그의 눈앞에서 달콤한 과실이 욕망을 더욱 부채질하며 자극하지만, 막상 손을 내밀면 감쪽같이 사라져버린다. 그는 채울 수 없는 욕망으로 저주받은 결핍의 인간이다. 실제 인간은 욕망 없는 충족과 충족 없는 욕망의 중간 지점에서 삶을 영위한다. 그것은 에덴 동산에서 추방당한 인류의 생활이자 '은의 시대' 이후를 살아가는 인간의 모습이다.

 베이컨의 《새로운 아틀란티스》가 에덴 동산과 흡사한 미래 세계의 청사진을 보여준다면, 토머스 모어의 《유토피아》는 타락 이후의 인간이 그릴 수 있는 최상의 세계를 보여준다. 욕망이 무조건적으로 충족되는 벤살렘 왕국과 달리 모어의 유토피아에서는 욕망이 조건적으로 충족된다. 그래서 유토피아의 최대의 관심사는 욕망 충족의 조건, 달리 말해 타락한 인간이 어떻게 하면 행복하게 살 수 있는가 하는 행복의 기술 문제이다. 에덴 동산이 아니기 때문에 이 지상에서는 배가 고프다고 해서 저절로 음식이 입안에 굴러 들어오지 않는다. 먹고 싶은 욕망은 저절로 충족되지 않는 것이다. 땅을 일구고 씨앗을 뿌리며 추수해야 비로소 먹을 음식이 생긴다. 즉시 충족되는 대신 욕망은 노동의 단계를 거치면서 지연되고 유보된다. 탄탈로스의 경우처럼 끊임없이 지연되다가 아예 욕망의 충족이 거부될 수도 있다. 여기서 욕망의 양과 노동의 양은 정비례의 관계에 놓인다. 욕망하는 것이 많으면

많을수록 노동의 양도 덩달아서 증가한다. 성긴 베옷을 구입하기 위해 하루의 노동으로 충분하다면 호사스런 비단옷을 위해서는 한 달의 노동이 요구된다. 물론 비단옷의 구입으로 욕망의 소리가 멈추지 않는다. 욕망은 계속해서 새로운 대상을 찾아 나선다. 욕망은 기하급수적으로 팽창하지만 노동은 산술급수적으로 증가하는 것이다. 더구나 열심히 일을 한다고 해서 반드시 자연이 노동의 양에 비례한 결실을 내놓으리라는 보장도 없다. 예기치 않은 가뭄이나 폭풍우, 장마로 인해 인간 노동이 도로 무익으로 끝날 수도 있다. 무한한 욕망의 충족이란 구조적으로 불가능하기 때문에 욕망의 날갯짓을 계속하는 사람은 결국 불행해질 수밖에 없다. 행복하기 위해서 욕망은 제어되고 통제되어야 하는 것이다. 그래서 모어의 유토피아는 욕망의 경제학이다. 충족될 수 있는 현실적인 욕망으로 만족하며 살아가는 인간에게는 대가로 행복이 주어진다. 욕망의 양이 절제되는 정도와 비례해서 편하게 휴식을 취할 수 있는 시간도 늘어나게 마련이다. 따라서 절제된 욕망이 유토피아의 미덕이다. 근검절약이 강조되며, 귀금속이나 사치품이 경원시된다. 일하지 않고서 먹으려는 사람들이 부도덕한 기생충으로 비난받는 이유가 여기에 있다.

그러나 원칙적으로 베이컨의 유토피아에서는 일하지 않고 먹어도 부도덕하지 않다. 땀 흘려 수고하지 않아도 모두가 배부르게 먹을 수 있는 세계가 그의 유토피아이기 때문이다. 그의 유토피아는 제2의 에덴 동산이며 제2의 황금시대이다. 어떻게 이것이 가능할까. 다름 아닌 과학의 힘이 타락 이후의 세계를 타락 이전의 시대로 되돌려놓기 때문이다. 과학자들은 실험을 통해 철을 황금으로 바꾸어놓는다. 철의 시대 사람들이 황금의 시대로 진입하는 셈이다. 솔로몬 학술원 회원이 열거한 과학의 결실을 몇 가지만 생각해 보아도 이 점이 분명해진다. 예를 들어, 벤살렘의 땅은 저주받은 땅이 아니다. 온갖 배양토의 사용으로 비옥한 땅이 되었기 때문이다. 어떤 작물을 심더라도 벤살렘의 토양에서는 더욱 많은 곡식과 과일이 주렁주렁 매달린다. 양만 풍성한 게 아니다. 신이 먹고 마시는 음식처럼 곡물과 과실은 모두 달콤하고 향기로우며 영양가가 높다. 이러한 음식을 섭취하는 벤살렘 왕국 주민의 건강도 증진되며 수명이 연장된다. 그러니 풍요의 왕국에 사는 이들은 욕망을 통제할 필요가 없으며, 욕망의 경제학을 배울 필요가 없다. 모어의 유토피아적 논리와 윤리로는 판단할 수 없는 것이다. 주민들이 생산하는 물품의 총량이 제한되어 있는 경우에 소수의 과다 소비와 사치는 악덕이 된다. 그러나 소비할 수 없을 만큼 많은 생산품이 쏟아져 나온다면, 이때 과다 소비와 사치는 오히려 미덕이 된다.

모어와 베이컨의 차이는 자연 문명과 기술 문명의 차이이다. 모어의 유토피아에서는 한 알의 볍씨가 땅에 떨어진다고 해서 저절로 자라지 않는다. 인간의 노동량 A가 가해져야 한 알의 볍씨는 10의 알곡으로 결실을 맺는다. 대체로 이 결실은 한 노동자가 자신의 가족을 부양하면서 다음 해에 씨를 뿌리고 추수할 수 있을 정도의 여유를 보장해준다. 따라서 이상사회란 노동과 휴식, 양식의 양이 공평하게 분배되는 사회이다. 물론 베이컨의 유토피아에서도 한 알의 볍씨가 땅에 떨어진다고 해서 저절로 자라지는 않는다. 일정한 노동량이 가해져야 — 배양토로 비옥한 토양이기 때문에 — 볍씨가 100의 알곡으로 결실을 맺는다. 비록 생산량의 차이가 있다고 하더라도 이 대목에만 국한시키면 모어와 베이컨의 사유에 질적인 차이는 발견되지 않는 듯이 보인다. 그러나 이들 사이에는 중요한 질적 차이가 가로놓여 있다. 어디까지나 모어는 자연 조건 속에서 유토피아적 사유를 개진하였다. 반면 베이컨의 사유는 조작된 자연 조건, 혹은 기술 문명에 의해

정복된 자연 조건 속에서 개진된다. 이것은 특히 노동의 종류와 관련해서 두드러진다. 모어에게 노동은 직접 노동, 매개되지 않은 노동이다. 개별적 노동자들이 직접 논에 나가서 씨를 뿌리며 경작하고 결실을 거두어들여야 한다. 이 노동은 다른 무엇으로 대체되지 않는다. 그래서 노동을 매개로 하여 인간의 욕망이 충족될 수밖에 없다. 그러나 베이컨에 있어서 노동은 기술과 과학으로 대체된다. 비록 구체적인 청사진이 제시되지는 않았지만 베이컨의 과학적 유토피아에서 노동자는 직접 논에 나가서 노동을 하지 않아도 된다. 기계가 노동자를 대신해서 일을 해주는 것이다. 그가 손을 놓고 낮잠을 자더라도 그의 노동량이 동료 노동자의 몫으로 남겨지지 않는 이유가 여기에 있다. 그의 일손을 덜어주는 것은 동료 노동자가 아니라 기계이다. 노동이 기계에 의해서 매개되는 것이다. 그렇다면 엄밀하게 말해서 노동자는 이미 노동자가 아니다. 다만 그는 욕망할 따름이다. 욕망을 충족시키기 위해 일할 필요가 없다. 욕망은 인간의 편에, 욕망 충족에 필요한 노동은 과학의 편에 있다. 굳이 비유하자면, 인간은 욕망하는 기계이며, 기계는 노동하는 인간인 셈이다. 에덴 동산에서 아담과 이브가 그러했듯이 과학의 유토피아 왕국을 살아

가는 인간들에게 욕망과 노동은 깔끔하게 분리되는 것이다.

4. 베이컨의 과학적 유토피아와 새로운 밀레니엄

누구나 잘 알고 있듯이, 토머스 모어가 처음으로 사용한 유토피아라는 용어는 희랍어 접두어 eu(좋은)나 ou(없는)와 topos(장소)라는 명사가 합성된 말이다. 따라서 희랍어로 eutopos나 outopos로 표기할 수 있는 유토피아는 이중의 의미를 담고 있다. 그것은 '없는' 장소이면서 '좋은' 장소이다. '없다'와 '좋다'가 동시에 공존하는 것이다. 있기에는 너무나 좋은 장소가 유토피아이다. 그것은 꿈의 논리와 구조를 닮아 있다. 현실의 세계 속에 없기 때문에 우리는 상상의 세계 속에 꿈을 꾼다. 유토피아는 꿈의 지평선에 펼쳐져 있는 것이다.

그러나 허무맹랑한 꿈은 아무런 의미가 없다. 꿈이 의미를 갖기 위해서는 어떤 식으로든 현실과 결합되어야 한다. 때로 꿈은 절망적인 현실의 삶을 견딜 수 있는 에너지원이 되기도 한다. 눈을 높이 들어 미래의 불빛을 바라보면서 어두운 현실의 거친 길을 걸어가는 것이다. 이 경우 유토피아는 희망의 등불이 된다. 머지않아 천년왕국이 도래하리라고 고대하면서 박해를 견뎌냈던 초기의 기독교인들이 좋은 예이다. 그러나 유토피아는 전혀 다른 방식으로 현실과 관계를 맺기도 한다. 현실의 절망과 고통을 위로하는 희망의 등불이 아니라, 오히려 현실의 어둠을 밝혀 드러내는 비판의 등불로 작용하는 것이다. 가까이 보면 현실의 모순은 쉽사리 눈에 들어오지 않는다. 그래서 저 먼 미래의 유토피아적 관점에 입각해서 현실 어둠의 부위를 집어내는 것이다. 이것이 유토피아적 담론이 갖는 비판적 기능이다.

베이컨의 유토피아는 비판의 궤도가 아니라 희망의 궤도 위에 놓여 있다. 이 희망의 궤도에 실려서 그의 유토피아는 미래 과학 세계를 향해 질주한다. 베이컨과 동시대의 사람들은 이 과학의 청룡열차를 바라보면서 가슴이 두근거리는 흥분을 느끼기도 했을 것이다. 에덴 동산과 마찬가지로 이 과학의 유토피아에서는 노력하지 않아도 인간이 원하는 모든 것들이 쉽사리 이루어진다. 땀 흘려 일하지 않아도 잘먹고 잘살 수 있다. 어려운 현실의 여건 속에서 욕망의 고삐를 단단히 잡아당기면서 살아야 했던 사람들 — 토머스 모어의 유토피아인들을 포함해서 — 은 이 고삐 풀린 욕망의 질주에 군

침을 삼켰을 것이다.

베이컨의 과학적 유토피아에서 인간의 꿈은 곧 현실이 된다. 유토피아라는 어휘에 깃든 '없다'와 '좋다'의 모순은 과학의 힘으로 지양되는 것이다. '좋은' 세계를 이루기 위해서 수고하고 노력할 필요가 '없다.' 과학이 알아서 인간의 모든 욕구와 욕망을 해결해주기 때문이다. 현실 세계에서 인간의 욕망은 노동을 통해서 실현되어야 한다. 게다가 욕망의 대상이 한꺼번에 실현될 수 없기 때문에 욕망은 경제적으로 제어되며 윤리적으로 억제되어야 한다. 그러나 과학적 유토피아에서는 기계가 인간을 대신해서 노동을 해주는 데다가, 과학의 배양토로 기름진 땅에서 노동은 몇십 배, 아니 몇백 배의 풍성한 결실을 거둔다. 따라서 인간은 욕망을 관리하거나 억제할 필요가 없다. 도깨비방망이가 그렇듯이 바라기만 하면 모든 것이 이루어지는 것이다.

그러나 2000년대를 살아가는 현대인에게 베이컨의 유토피아는 유토피아처럼 보이지 않는다. 오히려 디스토피아로 다가온다. 베이컨 이후로 가속화된 과학혁명과 산업혁명은 그가 《새로운 아틀란티스》에서 그려놓은 과학의 왕국보다 훨씬 많은 분량의 혜택을 인간에게 가져다주었다. 그가 텍스트에 간단히 암시해놓았으나 동시대 사람들은 상상조차 하지 못했던 동물의 복제가 현실화되며 온갖 약품과 기술이 개발되고 있는 실정이다. 우리 일상의 하나가 되어버린 컴퓨터는 베이컨으로서도 짐작할 수 없었을 것이다. 말하자면 그가 유토피아의 이름으로 먼 미래에 설계했던 세계에 실제로 우리가 살아가고 있는 것이다. 그리고 실제 그러한 세계에 발을 디디고 살면서 우리는 베이컨이 미처 직면하지 못했던 수많은 문제들, 기술문명의 후유증도 경험하고 있다.

베이컨에게 과학은 전적으로 유용한 결과만을 가져온다. 과학이 인간의 삶을 축복하며 더욱 행복한 미래를 약속하는 산업화의 초기에 살았기 때문에 피할 수 없는 결과였는지 모르지만, 아무튼 그는 과학의 또 다른 면을 보지 못했다. 그는 상다리가 휘어지게 차려진 진수성찬을 음미하는 즐거움에 사로잡혀서 곧 뒤따를 소화불량의 고통을 예기치 못한 식도락가와 비슷하다. 어쩌면 그는 소화불량이나 당뇨, 비만 걱정 없이 폭식할 수 있었던 행복한 세대에 속하는지 모른다. 구체적으로 설명하기로 하자. 벤살렘 왕국에서는 수많은 기계가 돌아간다. 그런데 이 기계에서는 매캐한 매연이 뿜어나오지 않는다. 이루 헤아릴 수 없이 다양한 비료와 배양토가 땅을 기름지게 한다. 그럼에도 땅은 훼손될 줄 모르고 더욱 풍요로운 결실을 내놓는다. 쉬지 않고 온갖 제품이 쏟아져 나오지만 자연 자원은 전혀 고갈되지 않는다. 그래서 베이컨의 유토피아는 동화 속 도깨비방망이의 세계이다. 과학의 방망이를 두드리기만 하면 무진장한 보물과 음식이 쏟아져나온다. 이로 인해 자연이나 인간이 손해나 손실을 입지 않는다. 그러니 도깨비방망이를 휘두르는 사람은 욕망을 억제할 필요가 없다.

그러나 도깨비방망이의 세계가 아닌 현실 세계에서는, 개간되고 이용되면서 자연은 소모되고 훼손되며 오염된다. 기계가 돌아가기 위해 연료가 채굴되어야 하며, 연료가 채굴되기 위해 땅밑이 뚫리고 산이 헐린다. 더구나 연료를 소모하면서 기계는 검은 연기를 남긴다. 따라서 기계가 만든 생산품에는 검은 그을음이 묻어 있다. 소비자인 인간은 식료품을 먹으면서 동시에 매연을 먹는다. 매연에 멍든 폐와 호흡기를 치유하기 위해서 기계는 더욱 많은 의약품을 생산해야 한다. 의약품이 생산되어 나오는 속도와 비례해서 자연은 더욱 훼손되고, 이 자연이 망가지는 속도와 비례해서 인간도 병들어 간다. 치유의 이름으로 약품이 개발되며, 약품이 개발되기 위해서는 인간은 더욱 병들어야 한다. 이른바 생산과 소비의 악순환이다.

산업사회의 욕망하는 인간은 악순환의 구조에 빠져 있다. 땀 흘려 일해야 먹을 수 있는 사람들이 욕망의 절제를 익히면서 살아야 한다면, 욕망 실현의 도깨비방망이를 휘두르는 사람들은 욕망의 절제를 모른다. 이들은 절제가 아니라 과잉이라는 극단으로 흐른다. 생산되기 위해 더욱 많은 생산품이 소모되어야 하듯이, 일단 충족된 욕망은 더욱 많은 욕망으로 재생산된다. 일단 고삐 풀린 욕망은 멈출 줄을 모른다. 이 욕망이 충족되기 위해서 과학 기술이 더욱 개발되며 자연이 더욱 철저하게 소모되어야 한다. 인간 욕망의 이름으로 과학의 발달이 박차를 가하며 자연의 소모가 가속화되는 것이다. 이 욕망의 끝은 불을 보듯이 자명하다. 더 이상 소모될 수 없을 만큼 자연이 소모되고 나면, 욕망하며 소모하는 인간들도 마침내 소모되어 증발해버릴 것이다.

20세기 후반에 자연 소모와 환경 오염의 문제가 현실적 위험으로 다가오기 시작했다. 일단 훼손된 자연은 쉽게 회복되지 않는다. 물릴 줄 모르는 인간 욕망 충족의 샘이었던 자연은 거의 바닥을 드러내고 말았다. 욕망의 위장을 채우기 위해 손을 내밀어도 이제 자연은 싱싱한 과실을 푸짐하게 안겨주지 않는다. 욕망의 위장이 끊임없이 비대하게 성장한 반면, 자연은 빈약하고 왜소하게 위축되어버렸다. 자연은 욕망의 속도를 따라잡지 못한다. 《새로운 아틀란티스》에서 베이컨은 과학의 날개를 타고 솟아오르는 인간 욕망의 모습을 보여주었다. 20세기에 우리는 욕망이 지나면서 남겨놓은 자연 오염과 생태계의 파괴를 목격했다. 베이컨의 유토피아가 디스토피아로 막을 내린 것이다. 또 과학의 축복이 재앙이 되어버린 셈이다.

이제 우리는 기술 문명이 풀어놓았던 욕망의 고삐를 다시 붙잡아야 할 시기에 서 있다. 토머스 모어가 《유토피아》에서 보여주었듯이 욕망은 지혜롭게 제어되며 관리되어야 한다. 기계 문명이 인간을 욕망하고 소비하는 기계로 변질시켜놓았다면, 21세기를 살아가는 우리는 이제 탈욕망의 지혜를 배워야 한다. 과학의 도깨비방망이를 두드리면서 인간의 욕망은 비대하게 부풀어올랐다. 욕망의 군살을 빼기 위해서는 땀 흘리며 노동하는 법을 다시 배워야 할 것이다. 노동은 욕망의 실현이 지연되고 유보될 수밖에 없다는 자연의 원리를 우리에게 일깨워준다. 동시에 노동은 우리가 에덴 동산이 아니라 타락 이후의 시대에 살고 있다는 인간의 운명도 다시 상기시켜준다. 땀 흘려 일하지 않아도 배부르게 먹을 수 있다면, 무심결에 우리는 황금의 시대에 살고 있다는 착각에 빠진다. 17세기 이후로 과학이 이룩한 눈부신 성과는 인간에게 그러한 환상을 조장하기에 충분했다. 베이컨의 유토피아는 그러한 환상의 기념비이다. 새로운 천년을 살아갈 우리에게 《새로운 아틀란티스》가 의미심장한 울림을 갖는다면, 그것은 현대 문명의 거울에 비추어 그 내용을 음미하며 다시 읽는 일이다. 다시 말해, 현실의 거울에 얼굴을 비추어보면서 자신의 환상에서 어서 깨어나는 일이다.

ECOLIVRES

도 · 서 · 목 · 록

세상을 보는 글들

1. 프리 에이전트의 시대가 오고 있다
다니엘 핑크 지음 | 석기용 옮김 | 15,000원

여러분은 아직 실업의 두려움에 떨고 있는가? 이 책은 여러분의 그러한 고통을 덜고 직업에 대한 새로운 희망을 갖게 하는 책으로, 서서히 우리에게 다가오고 있는 새로운 노동 형태인 프리 에이전트에 관한 모든 것을 담고 있다. 혼자 혹은 극히 소수가 일하는 노동 형태인 프리 에이전트는 조직인간의 노동 형태를 변화시킬 뿐 아니라 그에 따른 생활 형태도 변화시킨다.

2. 인터넷 심리학
패트리샤 월리스 지음 | 황상민 옮김 | 16,500원

사이버 공간은 이미 우리 생활의 가장 중요한 도구가 되었다. 그럴수록 그에 대한 부작용도 여기 저기에서 나타나고 있다. 특히 '사이버 중독'은 심각한 사회적인 문제로 대두되었다. 이에 대한 대응은 미연에 방지하는 것이 가장 좋은데, 그러기 위해서는 사람들이 인터넷 공간을 방문할 때의 심리를 이해하는 것이 필수적이다. 이 책은 이러한 네티즌들의 심리와 행동 양태를 구체적으로 파악한 최초의 종합적 보고서이다.

3. 패스트푸드의 제국
KBS 올해의 책 | 포춘지 올해의 책 | 아마존.COM 올해의 책
에릭 슐로서 지음 | 김은령 옮김 | 16,500원

당신 자녀의 건강은 어떠한가? 은밀하게 당신 자녀의 건강을 노리는 패스트푸드의 실체에 대해 당신은 과연 얼마나 알고 있는가? 이 책은 확산일로에 있는 미국의 패스트푸드 산업의 실체를 있는 그대로 취재한 보고서로서 세계적인 반향을 불러일으킨 책이다. 이 책에 대해 더 이상 말할 필요가 없다. 한번 읽어 보라. 그리고 패스트푸드에 대해 생각해 보라. 당신은 반드시 분노할 것이다. 그리고 절대로 패스트푸드를 먹지 않을 것이다.

4. 독서가 어떻게 나의 인생을 바꾸었나?
간행물윤리위원회 2001년도 하반기 청소년을 위한 좋은 책
애너 퀸들런 지음 | 임옥희 옮김 | 8,000원

지은이는 독서를 통해 세상을 배웠다고 말한다. 그것은 다른 세계로 가는 통로이며 나를 깨닫게 하는 여행이라고 갈파한다. 그래서 지은이는 오직 좋아서 책을 읽었고 오늘의 내가 있게 되었다고 밝힌다. 그런 그가 말한다. "이렇듯 나에게서 최상의 부분은 테이블 위에 펼쳐진 책 속에 있었다. 리얼한 사람들이 있는 곳이 그곳이었으며, 또한 그곳에는 흔들리는 나무와 조용하고 어두운 바다가 있었다"고.

5. 돈의 감성지수

루이스 야블론스키 지음 | 김형근·김승욱 옮김 | 12,000원

돈은 감정적인 문제이다. 이 감정이 사람들의 돈에 대한 태도를 다르게 한다. 그러므로 돈에 대한 사람들의 건강한 태도를 개발한다면, 사회의 병리현상들 가운데 상당수는 저절로 치유될 수 있을 것이다. 경제적 이해관계로 일어나는 스트레스, 부부간의 불화, 직업에 따른 문제, 부모 자식간의 갈등과 사회적 병폐들, 그리고 전쟁까지도 상당 부분 해결될 수 있을 것이다. 이 책은 사회적이며 감정적 문제로서의 돈과 사람의 관계에 대해 적나라하게 추적하고 있다.

누벨 끌리오 총서

1. 나는 왜 역사가가 되었나

간행물윤리위원회 2001년도 10월의 청소년을 위한 좋은 책

피에르 노라 엮음 | 이성엽 외 옮김 | 19,500원

객관적인 시선을 유지해야 하는 역사가들. 그러나 그것이 얼마나 지키기 힘든 것인지 명백하게 드러나고 있는 오늘날, 역사가들은 자신과 자신의 연구가 어떻게 깊이 연관되어 있는지에 대해 항상 밝힐 태세가 되어 있다. 다시 말해 자신들이 실존적으로 연구에 몰입하는 것을 밝히고 그 과정을 분석하는 것이 연구를 이해하는 도구이자 핵심 역할을 한다는 것을 이해한 것이다.

이러한 흐름에 부응해, 모리스 아귈롱, 피에르 쇼뉘, 조르주 뒤비, 라울 지라르데, 자크 르 고프, 미셸 페로, 르네 레몽 등 일곱 명의 역사가들이 스스로 역사가로서 걸어온 길을 자신의 시각에서 기록하고 있다. 이는 '에고-역사(ego d'histoire)'라는 새로운 장르를 만드는 데 기여할 수 있는 책이다.

2. 거울의 역사

간행물윤리위원회 2001년도 하반기 청소년을 위한 좋은 책

사빈 멜쉬오르 보네 지음 | 윤진 옮김 | 14,500원

이 책은 거울이 어떻게 만들어졌고 어떻게 확대되었는지 등 단순한 거울의 역사에서부터, 거울에 대한 사람들의 생각과 그 생각들이 시대에 따라 어떻게 변모해갔는지를 추적하는 인간의 역사를 매력적으로 분석하고 있다.

거울이 나타남으로써 사람들은 자기 몸을 꾸미기 시작했고, 사회 계층을 말해주는 지표에 관심을 갖게 되었다. 나아가 등이나 옆모습처럼 그냥은 볼 수 없었던 신체의 부분들을 드러내는 새로운 육체의 지형도가 기능해졌다. 그러면서 부끄러운 자의식을 갖게 되었다. 즉, 외면을 비추는 거울은 미의식의 고양과 허영의 부추김을 낳았고, 내면을 비추는 마음의 거울은 인간 정체성의 문제로 귀결된 것이다.